Capitaine Breveté **POTEZ**

LE MORAL DE NOS SOLDATS

*Étude sur l'Éducation
le Commandement et l'Organisation
de l'Armée nationale*

AVEC UNE

Préface de M. Boudenoot, Sénateur du Pas-de-Calais

« O puissance morale, tu es la reine des armées ! »
(BUGEAUD, *Réflexions et Souvenirs militaires.*)

PARIS
HENRI **CHARLES-LAVAUZELLE**
Éditeur militaire
118, Boulevard Saint-Germain, Rue Danton, 16

(MÊME MAISON A LIMOGES)

Librairie militaire Henri CHARLES-LAVAUZELLE
Paris et Limoges.

Instruction spéciale des éclaireurs d'infanterie, par le lieutenant J.-M. Francescut, du 137° régiment d'infanterie. — Volume in-8° de 112 pages, avec 16 croquis dans le texte.......................... 2 »

Manuel des candidats de toutes armes aux différents grades d'officier dans la réserve et dans l'armée territoriale. Programme développé des connaissances exigées par le décret du 16 juin 1897. — Volume in-18 de 708 pages, avec 280 croquis dans le texte.................. 4 »

Instruction pour les éclaireurs d'infanterie. Brochure in-32 de 48 pages, avec un tableau de signaux pour la transmission optique.......... » 75

Clauzewitz. — **La Campagne de 1814 en France,** traduit de l'allemand par G. Duval de Fraville, chef d'escadron d'artillerie breveté, instructeur d'équitation à l'Ecole d'application de l'artillerie et du génie. — Volume in-8° de 166 pages, une carte............................. 3 50

Les corps francs dans la guerre moderne, — Les moyens à leur opposer, étude historique et critique sur l'attaque et la défense des voies de communication et des services de l'arrière, par le capitaine V. Chareton. — Vol. in-8° de 260 pages, avec 9 croquis dans le texte.. 4 »

Général Galliéni. — **Rapport d'ensemble sur la pacification, l'organisation et la colonisation de Madagascar** (octobre 1896 à mars 1899). — Volume in-8° de 628 pages.................................... 7 50

Souvenirs de Madagascar, par le lieutenant Langlois. — Volume in-8° de 192 pages, 37 croquis... 3 50

Campagne de 1866, étude militaire rédigée conformément au programme des examens d'admission à l'Ecole supérieure de guerre, par C. de Renémont.

Tome I**er**. **Opérations en Bohême.** — Volume in-8° de 390 pages avec 20 cartes ou croquis dans le texte................................... 7 50

Tome II. **Opérations sur le Mein, en Italie et en Tyrol.** — Volume in-8° de 368 pages avec 14 croquis dans le texte................ ...... 7 50

Troubles et émeutes. — Recueil des documents officiels indiquant les mesures à prendre par les autorités civiles et par les autorités militaires, par J. Saumur, officier d'administration de 1re classe d'état-major. — Volume in-32 de 88 pages...................................... » 50

École régimentaire de tir à l'usage des officiers et sous-officiers d'infanterie, par le commandant breveté Allegret, du 4° tirailleurs algériens. — Volume in-8° de 140 pages avec 11 figures dans le texte. 3 »

L'Infanterie perd son temps, par le général Ch. Philebert. — Brochure in-18 de 78 pages.. 1 50

Les cartouches et le caisson d'infanterie. — Volume in-32 de 100 pages avec figures, broché, » 50 ; relié................................. » 75

Notre fusil, par le général Luzeux. — Brochure in-8 de 44 pages.... 1 »

Traité pratique de l'escrime à l'épée de combat sur le terrain, par E. Darnon, maître d'armes au 23° chasseurs, ex-sergent maître d'armes à l'Ecole de Saint-Cyr. — Brochure in-12 de 36 pages............... » 60

Méthode d'enseignement de l'escrime avec l'épée de combat. Jeu de terrain, par M. Serpette, maître d'armes au 5° régiment de hussards. — Brochure in-18 de 80 pages, avec 12 photogravures.............. 2 »

Méthode progressive et résumée de dressage, par le capitaine Carrère, instructeur du 14° régiment de chasseurs. — Br ch. in-18 de 54 pages. 1 »

Conférences agricoles et morales, par Gabriel Viaud, vétérinaire de l'armée. — Volume in-18 de 196 pages..................................... 3 »

Le catalogue général de la Librairie militaire est envoyé gratuitement à toute personne qui en fait la demande à l'éditeur Henri CHARLES-LAVAUZELLE.

LE
Moral de nos Soldats

Capitaine Breveté POTEZ

LE MORAL DE NOS SOLDATS

Étude sur l'Éducation le Commandement et l'Organisation de l'Armée nationale

AVEC UNE

Préface de M. Boudenoot, Sénateur du Pas-de-Calais

« O puissance morale, tu es la reine des armées ! »
(BUGEAUD, *Réflexions et Souvenirs militaires.*)

PARIS

Henri CHARLES-LAVAUZELLE

Éditeur militaire

118, Boulevard Saint-Germain, Rue Danton, 10

(MÊME MAISON A LIMOGES)

PRÉFACE

Votre livre, mon cher Capitaine, est tout ensemble un acte de patriotisme éclairé et un acte de foi dans les destinées de l'armée nouvelle, telle qu'elle sortira du service de deux ans et des diverses réformes militaires actuellement en élaboration, soit dans les Chambres, soit dans l'administration de la guerre.

Il est, de plus, opportun, puisqu'il vient à la veille du jour où la loi sur le recrutement va être appliquée et où cette application du service réduit va demander plus d'efforts et plus d'attention de la part de tous, chefs et soldats.

Sur la question de patriotisme, vous vous rencontrez avec tous les hommes qui pensent et chez qui la réflexion confirme l'instinct naturel, avec tous ceux qui voient dans l'amour de la patrie : d'une part, une véritable nécessité, non pas contingente mais absolue, pour un pays qui, comme la France, ne veut pas périr et, d'autre part, le meilleur moyen de réaliser l'unité morale de la nation.

Un de vos frères d'armes, le commandant Coste,

l'écrivait dans sa récente brochure sur l'*Officier dans la Nation*.

Tout peuple ayant besoin d'un idéal commun à tous les hommes qui le composent, « créons, dit-il, l'idéal patriotique ».

Je suppose que, par le mot « créons », l'auteur a voulu dire : rendons universel, rendons conscient, rendons prédominant sur tout autre sentiment l'idéal patriotique; car cet idéal existe depuis longtemps.

De son côté, un savant, un de ces intellectuels, que certains publicistes opposent, bien à tort, aux militaires, le Dr Gustave Lebon, dans son livre sur la *Psychologie de l'Education*, après avoir montré qu'une nation ne saurait durer sans idéal, s'exprime ainsi, fondant sur le patriotisme les mêmes espérances que nous :

« Trop de choses ont été détruites en France pour que beaucoup d'idéals aient survécu. Il nous en reste un cependant, constitué par la notion de patrie. C'est à peu près le seul qui demeure debout sur les vestiges des religions et des croyances que le temps a brisées.

» Cette notion de patrie qui, heureusement pour nous, survit encore dans la majorité des âmes, représente un héritage de sentiments, de traditions, de pensées et d'intérêts communs. Elle est le dernier lien qui maintienne encore l'existence des sociétés latines. Il faut, dès l'enfance, apprendre à aimer et à défendre cet idéal de la patrie. On ne doit le discuter jamais. C'est parce que, pendant près d'un siècle, les universités allemandes l'ont sans cesse exalté que l'Allemagne est devenue si forte et si grande. En Angleterre, un tel idéal n'a pas besoin d'être enseigné, parce qu'il est depuis longtemps fixé par l'hérédité dans les âmes. En Amérique, où l'idée de patrie est encore un peu neuve et pourrait être ébranlée par l'apport constant de sang étranger, — si dangereux pour les pays qui ne sont pas assez forts pour l'absorber, — il constitue un des points les plus fondamentaux de l'enseignement, un de ceux sur lesquels les éducateurs insistent le plus.

» Que le professeur, écrit l'un d'eux, n'oublie jamais que chaque élève est un citoyen américain, et que, dans tous les enseignements, en particulier dans celui de la géographie et de l'histoire, c'est la question de patriotisme qui doit dominer, afin d'inspirer à l'enfant une admiration presque sans bornes pour la grande nation qu'il doit appeler sienne. »

Après avoir écrit ces lignes dans le chapitre intitulé : *l'Enseignement de la Morale*, le philosophe consacre un chapitre entier à *l'Education par l'Armée;* et j'y retrouve les mêmes idées, la même inspiration qui vous a dicté vos développements sur l'éducation et l'instruction militaires; sur le rôle éducateur des officiers; sur l'esprit de solidarité et de discipline que tous les citoyens, désormais astreints à deux ans de service militaire, pourront acquérir pendant leur séjour au régiment; enfin, sur les avantages qui en résulteront, pour notre démocratie. Car la question de l'éducation, la formation du caractère et du moral chez le citoyen qui, dans l'homme, succède au soldat, c'est là une question de vie ou de mort pour une démocratie. Sans éducation, elle serait fatalement destinée à sombrer dans l'anarchie ou dans la dictature.

Il n'est donc pas un Français, à quelque parti qu'il appartienne, qui ne doive être patriote, qui ne doive désirer que la France reste une grande nation, « la plus haute personne morale qui soit au monde »; et, par suite, tout Français doit consentir, pour lui-même et pour les siens, les sacrifices qu'exige le maintien de cette situation et de cette personnalité de notre pays dans le monde.

Ceux-là mêmes qui chez nous s'intitulent socialistes-internationalistes et que, par esprit de contradiction et d'outrance plus que par persuasion intime, — j'ose le croire du moins et penser pour eux que, si notre patrie était attaquée, ils la défendraient comme les socialistes allemands défendraient la leur, — nous entendons parfois déclamer contre « les patries »; ceux-là mêmes doivent avoir également le souci de sauvegarder la patrie française, de contribuer à lui maintenir son rang, sa puissance et sa force.

Il est impossible, en effet, pour peu qu'ils réfléchissent, qu'ils ne se rendent pas compte de ce que perdrait la civilisation, dont ils se disent les plus ardents protagonistes, et de ce que perdrait l'humanité, ainsi que du recul des idées de progrès social, de paix générale et d'arbitrage entre les peuples, le jour où la France aurait disparu de la carte de l'Europe.

Les socialistes des pays voisins en ont le sentiment exact, si j'en crois ces paroles de M. Vandervelde à M. Adolphe Brisson : «..... C'est de la France que nous vient toute lumière. Elle marche à l'avant-garde; elle tient le drapeau et éclaire le chemin (1). »

Les socialistes français ne sauraient, d'ailleurs, oublier que la France est la seule grande puissance d'Europe qui soit constituée en république. Ils doivent considérer combien souffrirait l'idée républicaine, non seulement chez nous, mais dans le monde, si notre pays venait à être de nouveau vaincu et démembré; et la faute ou la responsabilité de ce démembrement ne pourrait plus, cette fois, être imputée à une dynastie monarchique ou impériale.

Or, les socialistes émettent quelquefois la prétention d'être, sinon les seuls, du moins les premiers parmi les vrais républicains. Pour appuyer cette prétention, ils devraient se montrer parmi les premiers et les plus ardents des patriotes.

---

(1) *Les Prophètes*, page 113.

Sans exiger autant, demandons leur d'être animés,
au même titre que les autres républicains, au même
titre que tous les Français, de l'amour de la patrie
française, et de s'opposer à tout affaiblissement des
institutions qui, comme l'armée, en sont la sauvegarde suprême.

N'est-ce pas, au surplus, dans la grande tradition
de la Révolution française dont ils se réclament comme nous, et les sans-culottes de 93 n'étaient-ils pas
les plus fougueux des patriotes?

Le patriotisme, vous avez bien raison de le dire,
n'a jamais été poussé plus haut ni plus loin que dans
les armées de la Révolution; et ce souvenir devrait
sans cesse être présent à l'esprit des démocrates les
plus avancés de nos jours, imbus des doctrines de la
Révolution.

Très justement vous essayez de ramener de braves
cœurs, égarés par un humanitarisme sentimental,
aveugle et inintelligent, sans aucune base scientifique et positive, à comprendre que le patriotisme s'impose par la raison, autant que par la foi dans les destinées de la Patrie et de l'Humanité elle-même.

Puisse donc tout le monde en France, les partis
comme les individus, être pris d'une émulation sacrée
lorsqu'il s'agit de défendre l'idée, l'honneur, l'indépendance, l'existence même de la Patrie !

Ni un homme, ni un parti n'a le droit de s'attribuer le monopole du patriotisme. Ceux qui voudraient

émettre une telle prétention feraient, je le crains,
une besogne nuisible plutôt qu'utile. Un sentiment
aussi discret que fort, contenu même en certains cas,
mais énergique et puisant au fond de l'âme d'indes-
tructibles racines, vaut mieux ici que des manifestations extérieures trop bruyantes.

D'autre part, qu'aucun parti, qu'aucun homme n'a-
gisse et ne parle de façon à laisser croire qu'il mé-
prise, néglige ou oublie les intérêts vitaux de la Patrie. Son devoir s'accorde en cela avec son intérêt :
car, autrement, il provoquerait chez nous une répro-
bration presque universelle. On l'a bien vu ces temps
derniers, lorsque les paroles imprudentes ou irréflé-
chies d'un orateur, pourtant des plus éloquents et
des plus habiles à nuancer sa pensée, ont donné naissance dans le pays et dans les milieux parlementaires,
à une sorte d'explosion du sentiment national.

C'est que chacun de nous a compris d'instinct ce
que la France pourrait perdre de considération,
d'honneur, de force morale et aussi de puissance
réelle dans le monde, si elle venait à dénouer ou à
détendre en ce moment les liens d'une alliance qui,
depuis une douzaine d'années, lui a permis de respi-
rer et agir plus à l'aise en Europe et dans les autres
parties du monde.

Chacun de nous sent, dans son for intérieur, la nécessité, pour la République française, de se recueillir
et non de se désintéresser; de donner aux événements

extérieurs l'attention la plus vigilante; d'écarter sans doute, autant que possible, d'accord avec les autres nations européennes vraiment prévoyantes, toute complication et toute extension de la guerre qui embrase l'Orient; mais, en même temps, de ne pas se laisser surprendre et, au contraire, de se préparer, silencieusement et méthodiquement, aux éventualités les plus redoutables.

C'est à quoi doit s'employer le gouvernement, et le patriotisme consiste, ici, à ne pas l'entraver dans cette tâche; et cette réflexion me ramène à votre livre, car votre conception du patriotisme n'est pas celle d'un chauvinisme étroit. Elle se rattache aux doctrines les plus hautes de la philosophie moderne, et vous montrez fort bien comment elle s'accorde, bien loin de lui être contraire, avec la religion de l'humanité.

Le philosophe russe J. Novicow écrivait l'année dernière :

« Je ne suis pas un « humanitaire » dans le sens que vous donnez à ce mot. Je suis plutôt très « nationaliste ». Je tiens la nationalité pour l'association la plus puissante et la plus précieuse qui puisse exister, pour la plus profondément ancrée dans les cœurs. La nationalité, d'ailleurs, est un phénomène naturel aussi impossible à supprimer que le poumon chez les mammifères. Mais si même on pouvait la supprimer, il faudrait bien s'en garder; car on tomberait alors dans un *magma* aussi chaotique qu'insipide. Si j'appelle de tous mes vœux la formation d'une association supérieure (l'union fédérale) qui englobera les nationalités dans son sein, c'est parce que je suis convaincu que c'est par cette association seule que les traits particuliers de chaque nation pourront acquérir leur maximum de développement. »

Ces considérations dérivent de la doctrine d'Auguste Comte, ainsi que le montre excellement M. P. Grimanelli dans son livre : *La Crise morale et le Positivisme.*

Voici comment il s'exprime dans le chapitre de cette œuvre, intitulé : « Des conditions d'une nouvelle discipline morale, — la religion de l'humanité et le patriotisme » :

« Si l'humanité est une existence réelle, elle est une existence composée. Elle est même une existence composée au troisième degré. Elle est, nous l'avons déjà dit, une société de patries, comme chaque patrie est une société de familles.

» Cette échelle de composition est un trait caractéristique de l'humanité. Elle est une condition spécifique de sa constitution même. Auguste Comte ne l'a-t-il pas défini « *l'ensemble continu des êtres convergents* »? Or les familles et les patries sont des organes nécessaires de convergence et de continuité. Si l'on pouvait les supprimer, il resterait une poussière d'individus dont l'incohérence, contenue sans doute dans de certaines limites par la dure et froide domination des fatalités extérieures, demeurerait incompatible avec une coopération précise, régulière et assez sentie.

» Ces êtres collectifs intermédiaires entre l'humanité et les individus sont aussi nécessaires au progrès qu'à l'ordre. De même que l'individu dans un groupement quelconque, chaque société particulière dans la société générale prend des initiatives, opère des différenciations, affronte des luttes et des risques par lesquels s'active le mouvement de la civilisation.

» Cependant on a cru de nos jours voir une opposition entre ce qu'on appelle *l'humanitarisme* et le patriotisme.

» Cette prétendue opposition ajoute un élément de trouble à toutes les causes de désordre moral qui, à notre époque, divisent les hommes entre eux et plus d'une fois chacun contre lui-même. Ce n'est pas un médiocre service à rendre aux braves gens de tous les pays que d'en montrer l'inanité.

» Après avoir établi à quel point l'institution de la famille est fondamentale et nécessaire comme élément de toute existence sociale et comme instrument irremplaçable d'éducation, Auguste Comte a prouvé, avec autant de force, que la *cité*, la *nation*, créations spontanées de l'humanité, demeureraient dans l'avenir les intermédiaires indispensables entre elle et les familles pour donner à la sociabilité et surtout à la coopération active des hommes assez de consistance et assez de précision. C'est le fondateur de la « *Religion de l'Humanité* » qui a écrit : « *L'union civique* » *restera toujours la plus étendue des affections qui* » *combinent assez toutes les parties de notre existence matérielle, mentale et morale...* L'amour de » l'humanité, le plus noble de tous les amours, res-» tera vague, trop souvent platonique, pratiquement » inefficace, sans réaction suffisante sur le particu-» larisme domestique dont il est trop éloigné, s'il » n'est préparé, secondé, en quelque sorte lesté par » l'amour de l'être collectif *Patrie*, plus large et plus » compréhensif que l'amour des proches, mais plus » énergique que l'amour du genre humain et sus-» ceptible d'applications plus fréquentes et plus pré-» cises. »

» Mais, si la Patrie ne se conçoit pas sans un siège matériel, sans ce *sol sacré* qui lui sert de support in-dispensable, elle est excellemment une « *personne morale* ». Et cette personne morale, suivant la loi qui régit l'échelle de la vie, est toujours plus complexe, à mesure que l'humanité s'élève au-dessus des forma-tions primitives. »

Nous revenons ainsi à la haute personne morale qu'est la France, à l'amour qu'elle doit imposer à tous ses enfants et qui détermine les plus purs d'entre eux à vivre et à mourir pour elle, pour son indépen-dance et son honneur.

Je m'excuse d'avoir ajouté ce qui précède à votre analyse si fine et si consciente des raisons supérieures qui suggèrent l'amour de la patrie. Ces diverses considérations provoqueront peut-être une réaction salutaire contre les entraînements irréfléchis qui ont pu porter certains esprits à souhaiter la disparition des patries et la suppression des armées, leur support nécessaire.

Puissent-ils comprendre que le *devoir national*, c'est-à-dire le patriotisme, est, comme vous le dites, la forme actuelle et concrète du *devoir envers l'humanité*.

Il faut donc garder intacte et forte notre patrie; il faut en assurer l'intégrité, l'indépendance, l'intangibilité et, pour cela, la mettre en mesure de résister à toute attaque dont, pour une cause imprévue aujourd'hui, elle pourrait être l'objet de la part de ses puissants voisins, armés jusqu'aux dents et qui ne paraissent pas du tout disposés à désarmer.

Si l'on peut rêver pour les siècles futurs une Europe à l'abri des conflits entre nations, ou dans laquelle ces conflits se résoudraient toujours pacifiquement et sans le concours des armées, il faudrait nier l'évidence pour affirmer que ce rêve peut se réaliser aujourd'hui ou demain.

Puisque telle est la réalité, les amis sincères et les plus ardents de la paix doivent être les premiers à reconnaître qu'une armée est nécessaire : une armée solide, inspirant à nos rivaux le respect, à nos alliés le désir de cultiver notre amitié et notre alliance.

A l'abri de cet instrument de paix qui, au besoin, doit pouvoir se transformer presque instantanément en outil de guerre, notre pays poursuivra ses destins à l'avant-garde de la civilisation et du progrès démocratique et social.

Quel doit être cet instrument au xxᵉ siècle?

Sera-ce le même qu'au temps de Charles VII, de Louvois, du premier ou du second Empire?

Evidemment non! et c'est ici que votre ouvrage, venant après les belles conférences du colonel Ebener, après la brochure du commandant Coste et quelques autres études inspirées du même esprit, apporte à la question de l'organisation et du commandement de l'armée un précieux contingent d'enseignements et d'idées pratiques.

Vous voulez une armée et non des milices. — Vous avez raison.

Les milices peuvent convenir aux petits pays neutres : Suisse, Belgique.

La France peut-elle leur être assimilée?

Tant que cet âge d'or futur dont j'ai parlé plus haut et que nous entrevoyons dans un lointain avenir ne sera pas arrivé, quel parti pouvons-nous prendre? Je n'en vois que deux possibles.

Ou bien, la France prendra la décision de se retirer du concert des grandes puissances européennes, demandera elle-même à se placer parmi les nations secondaires et à obtenir le bénéfice d'une neutralité et d'une intangibilité garanties par les autres peuples de l'Europe; et alors, les milices suffiront peut-être à notre sauvegarde sur le continent, sauf encore à examiner comment, dans ces conditions, serait garanti et défendu notre empire colonial. On ne peut, je crois, comprendre d'autre façon le désarmement de la France seule; et ce serait, en même temps, l'abandon de toute volonté et de tout espoir, eu égard aux réparations territoriales que laisse ouvertes la violation brutale de l'Alsace-Lorraine en 1871, à « ces grandes réparations qui peuvent sortir du droit », selon le mot de Gambetta.

Ou bien, si cette solution fait reculer notre conscience, notre dignité et notre patriotisme, la France prendra la décision de conserver son rang, son influence, son crédit, ses regrets et ses espérances, le tout à l'abri d'une véritable armée.

Tout parti intermédiaire qui s'inspirerait d'un système bâtard, d'un compromis entre les deux solutions, ne serait qu'une source de périls et nous exposerait au sort que subit la malheureuse Pologne à la fin du xviiie siècle, ou à celui que subit en ce moment la Corée. Certes elle eût bien voulu rester neutre et en dehors du conflit russo-japonais. Mais, ne pouvant faire respecter cette neutralité que rien ne garantit, elle se trouve aujourd'hui en proie aux horreurs de la guerre et devient le champ clos où se battent les deux peuples ennemis, en attendant qu'elle devienne le butin du vainqueur.

Au lieu d'atteindre cet âge futur, où fleurira la fédération pacifique des Etats d'Europe, à l'état de France, nous y arriverions à l'état de Bretagne ou d'Aquitaine, conduits en laisse par les Germains.

Ce n'est pas nier les progrès futurs de l'humanité, ce n'est pas renoncer à la sainte espérance d'un état social européen où une civilisation plus avancée, plus répandue surtout parmi les hommes encore si arriérés pour la plupart, écartera des peuples le fléau de la guerre, que de constater aujourd'hui que nous sommes loin d'atteindre cet idéal.

Les événements qui se déroulent à cette heure sous nos yeux et qui ont amené le souverain le plus pacifique du globe, le promoteur de la conférence de La Haye, à subir la guerre qui vient d'éclater en Extrême-Orient, doivent à cet égard convaincre les plus idéalistes des hommes.

Oui, tout en voulant la paix, il faut, de notre temps, être toujours prêt à la guerre; parce que nous ne l'étions pas en 1870, nous avons reçu la triste et douloureuse leçon de l'Année terrible. La constitution républicaine de la France moderne nous préserve sans doute des guerres que pourraient provoquer un intérêt familial et des raisons dynastiques. Elle ne saurait nous préserver des guerres que d'autres raisons peuvent hélas! susciter, et même elle nous expose à être attaqués les premiers, sans déclaration de guerre. Nécessaire de notre part, et ne pouvant être faite qu'avec l'autorisation des Chambres, une déclaration de ce genre n'est nullement obligatoire chez la plupart de nos voisins. Au surplus, c'est un fait historique que, de 1700 à 1870, on compte cent dix cas sur cent vingt dans lesquels les hostilités ont commencé sans déclaration de guerre ou avant toute déclaration de guerre. Dans dix cas seulement les hostilités n'ont commencé qu'après la déclaration de guerre. Cette statistique a été publiée il y a quelques années par le colonel anglais Maurice, qui, s'il la poursuit pour le xx⁰ siècle, pourra y ajouter l'exemple des Japonais en 1904.

J'en conclus qu'il faut être à tous moments sur ses gardes et que cette vigilance s'impose davantage encore aux républiques qu'aux monarchies.

C'est aussi l'opinion d'un homme dont les avis s'imposent, plus que tous autres peut-être, à la considération des républicains. On sait que M. Th. Roosevelt souhaite autant que personne l'établissement définitif de la paix dans le monde et le succès des idées d'arbitrage entre nations. Mais ce président de la grande République des Etats-Unis d'Amérique ne manque pas une occasion d'exalter les vertus guerrières et d'aviver le sentiment patriotique et militaire de ses concitoyens, chez qui naguère était pourtant comme inconnue ou effacée la notion de forces militaires permanentes.

Dans son dernier livre intitulé *l'Idéal américain*, il insiste sur cette vérité que la préparation à la guerre est la plus sûre garantie de la paix. « L'arbitrage est, dit-il, une excellente chose; mais ceux qui désirent que ce pays vive en paix avec les nations étrangères feront bien de placer leur confiance dans une flotte de premier ordre plutôt que dans l'arbitrage le mieux combiné. »

Le président Roosevelt, comme tout vrai républicain moderne, répudie la guerre de conquête, sans expliquer ce qu'a été il y a quelques années la guerre de Cuba. Mais il glorifie la guerre de défense. Il montre, avec exemples à l'appui, que les résultats d'une paix honteuse et vile sont pires que ceux de la guerre, et que le maintien à tout prix de la paix arrive à faire couler plus de sang qu'une guerre utile et juste. Il ajoute qu'un peuple vraiment grand et fier affrontera les malheurs et les risques de la guerre plutôt que de sacrifier à une prospérité douteuse l'honneur national. « Les races puissantes aiment la lutte; une race qui perd le goût de la lutte perd le droit de se tenir au premier rang; la lâcheté est une faute impardonnable pour une race comme pour un homme. »

C'est bien là le langage qu'il est bon de tenir à un grand peuple, surtout dans une démocratie républicaine! C'est de telles paroles qu'il importe de répéter, de telles pensées qu'il est utile de méditer. Elles sont d'un idéaliste pratique qui ne perd pas de vue les réalités contemporaines.

Je suis bien sûr que le choix de la presque unanimité des Français mis en face de ces réalités, et, dans l'alternative du maintien ou de la déchéance de leur glorieuse race, sera vite fait. Le pays, les Chambres, les pouvoirs publics, le gouvernement et chaque Français, tous diront que notre patrie a droit à l'existence, à la conservation de sa personnalité dans le monde, et tous seront prêts à consentir, pour cela, les sacrifices nécessaires.

Mais si, pour notre génération et pour celles qui la suivront immédiatement, on peut affirmer que l'obligation s'impose de conserver une forte armée permanente, je crois qu'il est également juste de dire que cette armée ne doit plus être une armée de métier, comme nous en avons eu jusqu'en 1870, ni même une armée tenant à la fois de l'armée de métier et de l'armée nationale, comme dans la période transitoire qui s'est écoulée de 1872 jusqu'à nos jours; ce doit être désormais une armée vraiment nationale.

Nationale, dans les chefs comme dans les soldats.

Nationale, dans son esprit, dans ses traditions et dans ses mœurs.

Et elle sera d'autant plus forte qu'elle sera plus nationale, c'est-à-dire que son organisation sera plus en rapport et en harmonie avec les principes, les besoins et les institutions de la nation; et, puisque la nation française est une grande démocratie, un pays de liberté, d'égalité et de fraternité, c'est de ces sentiments démocratiques que doivent s'inspirer nos officiers comme nos soldats.

Vous l'avez compris. Il suffit, pour s'en rendre compte, de lire — et je souhaite qu'on le lise dans nos régiments, dans nos lycées et collèges et dans nos écoles primaires — ce que vous avez écrit sur l'instruction et l'éducation militaires, telles qu'elles s'imposent, raisonnées et conscientes, à l'armée nouvelle; sur la discipline et sur l'action disciplinaire; sur la réforme des punitions; sur la cohésion si nécessaire aux troupes pour qu'elles ne dégénèrent pas en foules ou en cohues plus nuisibles qu'utiles; sur l'action personnelle du chef; enfin, sur la force morale dans l'armée en temps de paix et dans l'armée en campagne, comme aussi sur le « moral » de la nation, duquel dépend, dans notre pays de suffrage universel et de souveraineté populaire, la valeur même de nos institutions militaires.

C'est pourquoi vous avez légitimement donné à votre ouvrage ce titre : *Le Moral de nos Soldats*, qu'on peut en somme comprendre ainsi : *Le moral des citoyens dans une démocratie où tous les citoyens sont, pendant un temps déterminé, des soldats.* »

Et cette éducation morale, il faut que tous comprennent qu'elle doit être continue dans la vie de l'homme : commencée dans la famille, poursuivie à l'école et dans les œuvres postscolaires, complétée dans l'armée par l'action constante des chefs et les conférences régimentaires, reprise et rappelée au cours des périodes d'instruction imposées aux réservistes et territoriaux, elle doit prendre l'enfant dès l'âge de raison, s'attacher à l'adulte et ne quitter l'homme qu'à l'heure de la mort; le vieillard même, à qui elle n'est plus nécessaire pour agir lui-même, en a besoin encore pour l'inculquer à ses neveux.

En avant donc et haut les cœurs! Ne cédons pas au découragement ni à l'esprit purement critique, ni au pessimisme. Dans quelques difficultés que nous nous débattions aujourd'hui, quelque grave que soit la crise que traverse notre démocratie dans le présent, en gestation de l'avenir, ayons la foi profonde que ce sera un avenir meilleur; et cette foi peut être, chez nous, aussi raisonnée et réfléchie qu'ardente, car elle se fonde sur un fait historique indéniable, qui ressort nettement de la comparaison de l'état social aux époques successives de l'humanité : c'est que le présent est meilleur que le passé, pour les nations comme pour les individus.

L. BOUDENOOT.

AVANT-PROPOS

I

« L'homme dans le combat de nos jours, c'est l'homme sachant à peine nager, inopinément jeté à l'eau (1). »

A l'époque où le colonel Ardant du Picq écrivait ces lignes, les guerres étaient relativement fréquentes; la plupart des unités comptaient dans leurs rangs un certain nombre de soldats aguerris, souvent par plusieurs campagnes, en Afrique, en Crimée, en Italie.

La pensée qu'elles expriment s'applique donc, à plus forte raison, à notre armée actuelle, qui, une fois mobilisée, se trouverait composée de jeunes soldats et de réservistes n'ayant jamais vu le feu.

Or, la valeur d'une troupe dépend de deux facteurs essentiels : son instruction et son moral.

La valeur absolue du premier de ces facteurs peut, dans une très grande mesure, être appréciée dès le temps de paix; si l'aptitude technique d'une troupe à jouer son rôle dans la bataille présente quelques lacunes, celles-ci sont généralement assez faciles à constater pour qu'il soit possible de les faire disparaître au moyen de changements appropriés, soit dans l'organisation, soit dans les méthodes d'instruction.

---

(1) *Etudes sur le Combat.*

Il n'en est pas de même du facteur moral, élément pour ainsi dire impondérable et susceptible de se modifier sous mille influences diverses.

Les procédés d'instruction sont faciles à réglementer, si faciles même que l'excès de réglementation est un écueil qu'on n'évite pas toujours; en tenant la main à l'application des méthodes prescrites, on est à peu près certain d'obtenir le résultat cherché.

Au contraire, les méthodes de commandement et d'éducation morale qui, pour remplir convenablement leur but, doivent varier, sinon comme principe, du moins comme application, avec ceux qui les mettent en œuvre comme avec ceux auxquels elles s'adressent, échappent à toute réglementation. Il est impossible, à cet égard, d'imposer des principes; il faut, par une conviction raisonnée, les faire passer dans la tête et dans le cœur de ceux qui sont chargés de les appliquer.

Sur quoi fonder la force morale?

Comment la faire naître, la développer, la dépenser rationnellement?

Graves questions à coup sûr, auxquelles nous nous garderions bien d'essayer de répondre, si l'histoire, les hommes de guerre qui nous ont fait part de leur expérience, acquise sur les champs de bataille, les philosophes qui ont scruté les replis de l'âme humaine, ne répondaient en grande partie pour nous.

II

Lorsqu'il s'agit d'inculquer à l'homme un sentiment quelconque, et de lui faire puiser dans ce sentiment une solide règle de conduite, la première chose à considérer, c'est l'éducation. Aussi celle-ci fait-elle l'objet principal de la présente étude.

Les méthodes de commandement et d'éducation sont

d'ailleurs actuellement l'objet des plus vives préoccupations de la part de notre corps d'officiers, et même
de beaucoup de personnes étrangères à l'armée; il
ne se passe guère de mois qui ne voie paraître un ou
plusieurs ouvrages dont le sujet s'y rattache plus ou
moins directement.

On peut donc penser que tout, ou peu s'en faut, a
été dit sur cette question, et qu'y revenir encore, c'est
s'exposer à des redites inutiles; mais nous pensons que
suivant l'expression de MM. P. et V. Margueritte (1),
« on ne redira jamais assez certaines choses; on ne
défrichera jamais assez de bonnes volontés ».

Journellement, nous voyons des officiers laisser
échapper des occasions superbes de parler au cœur et
à l'imagination de leurs soldats.

Certains anniversaires, notamment, ne devraient pas
passer inaperçus dans nos casernes.

Il y a quelques mois, une manœuvre de garnison
avait lieu non loin de la frontière, dans une région et
à une époque où la nature du sol et l'état des cultures
s'opposaient absolument à l'exécution d'exercices in-
téressants au point de vue tactique. Le thème de la
manœuvre reproduisait autant que possible la situation
des deux partis en présence à la veille d'une des victoires de la Révolution, et l'exercice se déroula en effet
sur le champ de bataille où nos pères avaient repoussé
les envahisseurs; dans ces conditions, l'intérêt de la
manœuvre était d'ordre purement moral : il résidait
uniquement dans l'occasion fournie aux officiers de
parler à leurs soldats, sur le théâtre même d'une de
ses premières victoires, de cette magnifique armée de

---

(1) Préface de *Citoyen et Soldat*, de M. le lieutenant Demon-
grot.

la Révolution, qu'on admire d'autant plus qu'on la connaît davantage.

Pas un, que nous sachions, n'y songea.

Il reste donc, et il restera sans doute toujours quelque chose à faire.

C'est cette considération qui nous a décidé à essayer de frapper notre coup de marteau sur la tête d'un clou qui commence à s'enfoncer.....

III

L'organisation, qui développe et coordonne les énergies individuelles, doit tenir grand compte des forces morales.

Or, à notre époque, les questions d'organisation militaire sont constamment à l'ordre du jour. Nous avons donc pensé qu'après avoir étudié l'influence que les considérations d'ordre moral doivent avoir sur nos méthodes d'éducation et d'instruction militaires, sur la façon de comprendre et d'exercer l'action disciplinaire, sur les réactions réciproques de l'armée et de l'ensemble de la nation, il est également intéressant de rechercher la façon dont il convient de tenir compte de ces mêmes considérations dans l'organisation militaire d'un pays comme la France.

IV

Enfin, le commandement a charge, en temps de guerre, d'entretenir et de dépenser « économiquement », dans le sens propre du mot, l'énergie ainsi créée par l'éducation et développée par une organisation rationnelle.

Nous terminons donc notre étude en présentant quelques observations à ce sujet.

LE

Moral de nos Soldats

LA FORCE MORALE

I

La force morale est une qualité de l'âme, qui permet au soldat de supporter sans faiblir l'impression déprimante produite par les dangers, les privations, les fatigues et le spectacle de tous les maux qu'engendre la guerre.

Son importance capitale, son absolue prépondérance sur tous les autres éléments qui influent sur le succès des opérations militaires ont été proclamées de tout temps. Les hommes de guerre qui en ont parlé, dans les écrits qu'ils nous ont laissés, et notamment Carnot, Napoléon, Marmont, Bugeaud, Ardant du Picq, sont unanimes sur ce point.

C'est ainsi que Carnot, par exemple, consacre les trois quarts de son traité : *De la Défense des places fortes*, à un chapitre intitulé : « Que tout militaire chargé de la défense d'une place doit être dans la résolution de périr plutôt que de la rendre ». Un quart de l'ouvrage seulement traite de la partie matérielle de la défense, tant Carnot appréciait la supériorité du moral sur le physique, même dans la guerre de siège, qui est bien cependant le genre d'opérations militaires où la partie technique a relativement le plus d'importance.

En est-il de même aujourd'hui, où l'on entend dire parfois que les progrès de l'armement font de plus en plus prévaloir l'instruction technique au détriment du courage personnel?

Ecoutons ces paroles prophétiques du colonel Ardant du Picq, qui s'appliquent admirablement à notre tactique actuelle :

« L'action morale de la destruction croît en raison de la puissance, de la rapidité de celle-ci... ; demain, plus que jamais, sera prépondérante la valeur individuelle du soldat et des groupes, et, par conséquent, la solidité de la discipline (1). »

Marmont avait dit également, à propos d'une invention (les fusées à la congrève) qu'il considérait comme un grand progrès de l'armement :

« Les actions plus vives et d'un effet moral plus grand rendront les batailles plus courtes (2), diminueront l'effusion du sang ; car ce qui donne la victoire, ce n'est pas le nombre des gens qu'on tue, mais de ceux qu'on effraie (3). »

Ainsi, d'une part, les pertes considérables, parfois énormes, qui pourront se produire presque instantanément dans les guerres de l'avenir, demanderont, pour être supportées sans qu'il en résulte une désorganisation complète, une solidité morale poussée au plus haut degré ; d'un autre côté, la dispersion plus grande des combattants, imposée par les effets du feu, et la diminution

---

(1) *Etudes sur le Combat.*

(2) Il faut entendre ici que la décision sur un point déterminé, une fois les troupes engagées à fond, sera beaucoup plus rapide ; quant à la bataille proprement dite, tout donne à penser qu'elle sera, au contraire, plus longue, tant en raison de l'augmentation des effectifs mis en jeu qu'à cause de la difficulté croissante de la prise de contact, et par suite de la durée plus grande des préliminaires du combat.

(3) *De l'Esprit des Institutions militaires.*

qui en résulte de l'action directe du chef sur la troupe, exigeront, de la part du soldat, un courage à toute épreuve et, de la part des gradés inférieurs, plus de caractère et d'initiative que dans les guerres du passé.

Ces deux causes se réunissent donc pour agir dans le même sens, et faire que la force morale est toujours l'élément essentiel de la valeur des armées.

II

Cette force morale, si nécessaire, est-elle naturelle chez l'homme? — Certainement non; son instinct le pousse, au contraire, à éviter le danger, à rechercher ses aises et la satisfaction de ses besoins. La force morale doit avoir précisément pour but de lui permettre de résister à ces tendances, quand elles s'opposent à l'accomplissement d'un devoir. Or, elle ne saurait naître dans le cœur de l'homme, ni résister en campagne aux multiples influences qui tendent à la ruiner, s'il n'intervient pas de puissants mobiles pour faire accepter au soldat l'idée du sacrifice, et lui permettre de supporter sans défaillance, jusqu'à la limite de ses forces physiques, les misères et les dangers inhérents à l'état de guerre.

« Toutes les actions célèbres en ce genre, dit Carnot (1), sont dues à un genre quelconque d'exaltation. Dans l'antiquité, lorsqu'un peuple entier défendait sa capitale, cette exaltation était l'impérieuse nécessité, la première de toutes les lois.

» Chez les Grecs et chez les Romains, ce fut l'amour de la patrie; au temps des croisades et de la chevalerie, ce fut un sentiment mixte de piété, d'honneur et de galanterie; lors de la fondation des républiques helvétique et

______

(1) *De la défense des places fortes.*

batave, ce fut la haine de la tyrannie; l'histoire de la Ligue nous montre ce que peuvent le fanatisme et l'esprit de faction; enfin, les sièges de Calais, d'Orléans, de Saint-Jean-de-Losne prouvent que la fidélité au prince peut aussi devenir une grande et généreuse passion.

» N'espérons pas obtenir des effets sans cause, un dévouement héroïque sans un ressort qui élève puissamment l'homme au-dessus de lui-même...

» Un service régulier et même bien exécuté ne suffit pas; il faut de l'enthousiasme; il faut qu'une grande passion soit l'âme d'un grand ensemble; partout où l'on ne réussira pas à réunir ces deux choses, il n'y a rien à espérer... »

L'homme de guerre est ici d'accord avec le psychologue; dans les différents « genres d'exaltation » énumérés par Carnot, nous reconnaissons, poussés à un haut degré d'intensité, ces « états affectifs » auxquels les philosophes attribuent un si grand empire sur notre volonté, à l'exclusion de l'idée, presque impuissante (1).

Il faut donc qu'une éducation appropriée développe, dans l'âme du soldat, cet « enthousiasme », cette « grande passion » dont parle Carnot, et qui lui est indispensable pour accomplir sans faiblesse, en toute circonstance, tout son devoir militaire.

---

(1) «... Ce que l'idée a de force exécutive lui vient presque toujours de son alliance avec les vraies puissances, qui sont les états affectifs. A chaque instant, l'expérience nous vient convaincre du faible pouvoir de l'idée. *Il y a loin de l'assentiment purement formel à la foi efficiente et instigatrice d'actes.*

» Ce que peuvent les états affectifs sur notre vouloir ne saurait être exagéré. Ils peuvent tout et même nous faire affronter sans hésitation la mort et la souffrance. Constater leur puissance, c'est constater une loi empirique universelle. » (Jules Payot, *Education de la Volonté*.)

III

On rencontre cependant beaucoup d'officiers, d'un moral éprouvé, d'une bravoure personnelle qui s'est manifestée de la façon la plus brillante, d'une intelligence très développée, convaincus d'ailleurs de la puissance du facteur moral, et qui n'en agissent pas moins, dans l'exercice de leur commandement, comme s'il n'y avait pas lieu de s'en ocuper. Toute leur activité s'emploie à assurer l'exécution du service et la marche régulière de l'instruction.

C'est là probablement, en grande partie, un effet de la tradition.

Autrefois, quand les guerres étaient fréquentes, l'éducation morale de la troupe se faisait pour ainsi dire d'elle-même ; officiers et soldats, faisant souvent campagne ensemble, acquéraient par la force des choses cette cohésion qui est la première qualité d'une troupe ; les jeunes soldats, relativement peu nombreux, se formaient au contact de leurs anciens, aguerris et rompus au métier ; l'instrument de combat, fréquemment mis à l'épreuve, s'en tirait à son avantage ; le besoin ne se faisait donc pas sentir d'augmenter sa valeur, qui se montrait suffisante.

Aussi, bien que certains écrivains militaires, et notamment le maréchal Bugeaud, eussent signalé l'importance de l'éducation morale du soldat, elle paraissait moins indispensable que de nos jours.

Actuellement, en effet, on sent de plus en plus que l'exécution la plus stricte du service du temps de paix, même accompli avec la plus grande bonne volonté, est insuffisante pour assurer à la troupe une solide discipline de guerre, et que celle-ci doit être basée, chez le soldat, sur des sentiments que peut seule développer une forte éducation morale.

Quels seront ces sentiments?

Où trouverons-nous ce ressort puissant qui, suivant l'expression de Carnot, élèvera nos soldats au-dessus d'eux-mêmes?

LE PATRIOTISME

I

Si nous comparons notre armée actuelle, où le service personnel est obligatoire pour tous les citoyens en état de porter les armes, aux armées des siècles passés, nous constatons qu'au point de vue de la composition, c'est aux armées de la Grèce, de la République romaine et de la Révolution française qu'elle ressemble le plus.

Or, ces armées, dont les hauts faits n'ont jamais été dépassés, étaient animées du patriotisme le plus exalté.

Laissant de côté les deux premières, qui nous touchent moins directement, arrêtons un instant notre attention sur cette magnifique armée de 1794, celle qui fit les guerres où, suivant l'expression de Soult, il y eut le plus de vertu dans les troupes.

« En 1794, notre sentiment intérieur et sérieux était tout renfermé dans cette idée : être utile à la patrie. Tout le reste, l'habit, la nourriture, l'avancement, était à nos yeux un misérable détail éphémère... Nos seules réunions étaient des fêtes, des cérémonies touchantes, qui nourrissaient en nous l'amour de la patrie. Dans la rue, nos yeux se remplissaient de larmes en rencontrant une inscription en l'honneur du jeune tambour Barra. Ce sentiment fut notre seule religion (1). »

A cet amour de la patrie, mais ne faisant qu'un avec

---

(1) Stendhal, *Vie de Napoléon.*

lui, se joignait l'enthousiasme pour les vérités nouvelles, proclamées par la Révolution ; ces sentiments étaient si exaltés chez beaucoup de volontaires, qu'ils ne laissaient place dans leur cœur à aucun autre ; l'avancement, les récompenses, avaient peu de prix aux yeux de la plupart d'entre eux :

« On les avait cent fois vus (les volontaires des premières armées de la République), après avoir surmonté tous les périls, refuser les grades les plus élevés, se les rejeter de l'un à l'autre, et, fiers de leur rigidité républicaine, marcher nus, affamés, souffrant de toutes les privations les plus cruelles, et, vainqueurs enfin, demeurer pauvres au milieu de tous les biens qu'offre la victoire (1)... »

Après Mouscron, les soldats qui avaient enlevé des drapeaux à l'ennemi furent envoyés les présenter eux-mêmes à la Convention nationale :

« La Convention n'apprendra pas sans intérêt, écrivait Liébert, chef d'état-major de Pichegru, au Comité de Salut public, le 16 floréal, qu'un brave chasseur du 5ᵉ régiment, Antoine Andoin, natif de Montdidier, département de la Somme, qui, lui-même, a enlevé un de ces drapeaux à l'ennemi, a refusé de le porter à Paris, préférant rester à son poste pour en arracher d'autres aux esclaves (2). »

Tels étaient les sentiments de ces hommes qui recevaient les boulets aux cris de : « Vive la nation ! » et « Vive la liberté et l'égalité ! », et qui enlevaient les lignes de Wissembourg aux cris de : « Landau ou la mort ! »

---

(1) Ségur, *Mémoires*.
(2) Cité par M. le lieutenant-colonel Coutanceau (*La Campagne de 1794 à l'armée du Nord*).

C'est bien là l'exaltation dont parle Carnot, poussée au suprême degré.

Dans les temps anciens, quand un roi mettait sur pied une petite armée de métier pour s'emparer d'une province, défendre une place frontière menacée par l'ennemi, qui faisait de cette conquête le but de toute sa campagne, c'était toujours bien l'intérêt du pays qui était en jeu, et c'était lui qui guidait presque exclusivement les natures les plus élevées; mais, à côté de celles-ci, combien d'autres étaient mues par des sentiments bien différents, parmi lesquels l'intérêt personnel et l'ambition tenaient le premier rang !

De semblables préoccupations sont monstrueuses, lorsque, dans une crise suprême, la nation entière est obligée de courir aux armes pour défendre son existence menacée. Une telle situation exige de tous l'abnégation la plus complète, le dévouement le plus absolu à la patrie.

C'était bien le cas au début des guerres de la Révolution, où nos pères, préférant la mort à la restauration de l'ancien régime, confondaient dans un même sentiment passionné le dévouement à la France et à la République.

Aujourd'hui, dans le cas d'une grande guerre européenne, la situation serait analogue. Qui peut songer sans frémir, par exemple, aux conséquences d'une lutte entre la France et l'Allemagne, si cette dernière puissance était encore une fois victorieuse ? Démembrée, amoindrie dans une proportion que nous ne saurions prévoir, notre malheureuse patrie ne serait plus que l'ombre d'elle-même. Tout Français qui a le cœur bien placé doit préférer la mort à une pareille éventualité.

II

Le patriotisme est donc la première qualité du soldat, car c'est dans ce sentiment seul qu'il puisera l'abnégation nécessaire à l'accomplissement intégral de son devoir militaire.

Mais le soldat d'aujourd'hui est citoyen d'hier, citoyen de demain, et le devoir militaire qui lui incombe n'est qu'une partie du devoir national qui s'impose à tous les enfants d'un même pays et dont la base est également le patriotisme.

Il faut donc que ce sentiment pénètre profondément l'âme du citoyen, afin de le guider sans défaillance dans toutes les circonstances de la vie. Telle est l'idée qui, dans la famille, à l'école, à la caserne, doit constituer le principe fondamental, l'essence même de l'éducation de nos enfants, de notre peuple, de notre armée.

III

C'est la famille qui doit déposer dans le cœur de l'enfant, dès que sa jeune intelligence commence à s'éveiller, les premiers germes du patriotisme, comme de tous les sentiments qui doivent le guider pendant sa vie entière.

Il ne saurait y avoir, à cet égard, ni règle ni méthode.

Nous signalerons seulement l'intérêt qu'il y a, pour des parents vraiment dévoués à leur pays, à ne perdre aucune occasion de faire naître dans l'esprit et le cœur de leurs jeunes enfants ces impressions du premier âge qui ne s'effacent jamais.

Plus tard, quand l'enfant sera devenu un homme, il se

rappellera que, tout petit, sa mère lui faisait enlever
son béret devant le drapeau du régiment et, si jamais
le doute vient l'effleurer, si le courage lui manque pour
accomplir tout son devoir, ce souvenir sera peut-être sa
sauvegarde......

IV

Des raisons multiples font que nous ne pouvons pas
toujours compter, d'une façon certaine, sur la famille,
pour éveiller chez l'enfant les premiers sentiments du
patriotisme.

Il n'en est pas de même de l'école.

Inspirer à nos enfants le culte fervent de la patrie est
une des plus belles parties du rôle si important dévolu
dans notre société à tous les membres du corps ensei-
gnant, professeurs et instituteurs (1).

V

A l'école primaire, la tâche est assez simple : les enfants qui la fréquentent ne sont généralement pas sortis
de l'âge où l'on ne raisonne guère, et où l'on accepte
sans discussion la parole du maître :

« La patrie, aujourd'hui, dit M. Boutroux (2), c'est,
dans tous ses éléments, tant matériels que moraux, le
patrimoine que nous ont légué nos pères et que nous
devons transmettre à nos descendants. C'est le sol et ce

---

(1) « Le rôle de l'Université, c'est par-dessus tout de former et
d'entretenir dans la jeunesse française le culte de l'unité nationale. » (Henri Marion, *L'Education dans l'Université.*)

(2) Conférence faite à Saint-Cyr, en 1898, sur le devoir militaire.

sont les gloires et les malheurs passés, ce sont les hauts faits militaires, les conquêtes morales, sociales et politiques. Ce sont les douleurs, les épreuves, les tâches et les espérances communes. C'est la langue et les lettres, les arts, la science et la civilisation créés et accrus par nos ancêtres. Ce sont les héros en qui l'âme du peuple s'est concentrée, qui ont exprimé ce qu'il y a en lui de plus pur et de plus grand, dont le génie, le dévouement, l'exemple, continuent à envelopper la nation d'une influence tutélaire. Ce sont les maximes qui expriment les principes des hommes d'action, qui résument les réflexions des penseurs.

» Tout cela, c'est un devoir de le conserver et de l'accroître. Pourquoi? Parce que c'est la réalisation d'une face de l'humanité, une partie déterminée de l'œuvre d'intelligence et de justice que l'espèce humaine a pour mission d'accomplir. Cet objet nous dépasse infiniment, nous, créatures d'un jour. Notre grandeur ne peut venir que de l'abnégation avec laquelle nous lui aurons consacré notre existence. »

C'est donc surtout par l'enseignement de l'histoire, convenablement commentée, que l'instituteur développera le patriotisme chez les enfants dont la formation morale lui est confiée.

Notons en passant que cette étude de l'histoire est encore indispensable à un autre point de vue : si, pour être vraiment grande, une nation doit avoir de l'avenir dans la tête et dans le cœur, il faut aussi qu'elle y conserve précieusement le passé, afin de bien comprendre le présent, d'apprécier sainement la direction et l'intensité des efforts qu'il réclame de son énergie, et de poursuivre avec persévérance les réparations nécessaires.

Ce n'est pas seulement l'étude de l'histoire générale de la France dont le rôle nous apparaît ainsi considérable.

L'histoire locale ne doit pas non plus être négligée (1).

Il n'est pas un coin de notre belle France qui n'ait été témoin de luttes soutenues par nos pères, de souffrances endurées, d'actes de dévoùement ou d'héroïsme accomplis par eux, et dont le récit ne puisse fournir matière à d'utiles leçons. Beaucoup de ces faits sont malheureusement à tout jamais ensevelis dans la nuit du passé, sans qu'aucune trace en soit restée, mais il en est suffisamment dont le souvenir s'est perpétué jusqu'à nous, pour avoir la plus salutaire influence sur le moral de nos enfants. L'histoire locale frappera d'autant plus l'imagination des écoliers qu'elle relate des faits accomplis dans des endroits qu'ils connaissent, qu'ils parcourent chaque jour, et dont le sol porte parfois encore les glorieuses reliques du passé ; souvent même leur jeune attention sera encore stimulée en remarquant que les noms des hommes qui jouèrent un rôle dans l'histoire de la localité ou de la région s'y retrouvent encore de nos jours.

Que de modifications, d'autre part, le travail obstiné des générations qui nous ont précédés a fait subir à la terre qui les portait, pour la rendre plus productive, pour améliorer les communications, en un mot, pour augmenter la richesse générale !

Là encore, l'instituteur trouvera matière à des entretiens instructifs et moraux, dans lesquels, en même temps qu'il donnera aux enfants certaines notions théoriques et pratiques utiles à tous, il leur fera toucher du doigt, pour ainsi dire, quel patient et énergique effort, souvent de plusieurs siècles, a exigé le desséchement des

---

(1) L'étude de l'histoire locale est prescrite par les programmes d'enseignement de 1902, pour les lycées et collèges de garçons.

marais, la conquête de certains terrains sur la mer, l'aménagement ou le défrichement des forêts, etc.

Rien n'est plus propre que ces enseignements à faire comprendre aux enfants que, si les produits de la terre qu'ils foulent leur procurent un bien-être inconnu de leurs pères, si cette terre est occupée par une race d'hommes libres dont les généreuses initiatives ont marqué toutes les étapes de la civilisation, c'est qu'elle est arrosée de la sueur et du sang de nos aïeux.

Dans presque toutes nos villes, petites ou grandes, dans beaucoup de nos villages même, se trouvent de patients chercheurs, épris du passé, qui consacrent leurs loisirs à l'étude de l'histoire locale. Chacun de ces savants modestes accomplirait une œuvre des plus utiles en résumant, dans un petit précis à la portée des enfants de l'école primaire, l'histoire de la commune et de la région. Il faciliterait ainsi grandement la tâche de l'instituteur, qui n'a pas toujours le temps et les moyens de rassembler les matériaux nécessaires à la reconstitution du passé.

Enfin, devant les enfants qui seront dans leur dernière année d'école, l'instituteur développera cette idée, sur laquelle il reviendra souvent au cours de ses conférences postscolaires, que si les droits du citoyen n'ont jamais été plus étendus que dans notre pays et à notre époque, ses devoirs envers la patrie, également très étendus, n'ont jamais été plus impérieux. A l'exercice de la souveraineté correspond pour le citoyen l'étroite obligation de s'acquitter complètement du devoir national, et notamment de se sacrifier quand l'intérêt ou le salut du pays l'exige (1).

---

(1) Aux temps héroïques des républiques grecque et romaine, le service militaire était un droit et un devoir qui n'était dévolu qu'aux seuls citoyens, dont les obligations étaient d'autant plus grandes qu'ils occupaient un rang plus élevé dans la société. A

Pour être en état de le faire utilement, le cas échéant,
il doit accomplir son service militaire du temps de paix
avec tout le zèle dont il est capable; c'est ainsi qu'il se
rendra vraiment digne de l'honneur que lui fera la patrie, au jour du danger, en lui remettant des armes pour
sa défense.

VI

La tâche des professeurs des lycées et collèges, dans
les classes supérieures, celle des instituteurs dans les
conférences postscolaires, sera un peu plus complexe,
car, parlant, non plus à des enfants, mais à des adoles-
cents, voire à des hommes faits, il leur faudra raisonner
davantage, aller au-devant de certaines objections,
mieux faire comprendre certaines nécessités.

C'est qu'en effet, si l'amour du clocher natal, l'atta-
chement aux lieux où se sont passées les premières
années de la vie, est un sentiment en quelque sorte ins-
tinctif, d'une intensité variable avec la nature de chacun, le patriotisme proprement dit, au contraire, est un
sentiment acquis, susceptible de se développer plus ou
moins, suivant l'éducation reçue, le milieu dans lequel
chacun de nous est appelé à vivre, etc.

Aussi ne faut-il pas toujours se contenter de le présenter, comme on le fait encore trop souvent, comme
une sorte d'axiome, d'article de foi qu'il suffit d'énoncer

Rome, en particulier, « la légion offrait une image fidèle de la
société elle-même. Les différentes catégories de soldats correspon-
daient exactement aux différentes catégories de citoyens, et chaque citoyen occupait dans la ligne de bataille une place telle que
les riches étaient les plus exposés aux coups de l'ennemi, comme si
l'on eût voulu que tout le poids de la lutte tombât de préférence
sur ceux qui, en vertu de leur condition sociale, étaient les plus
intéressés à la victoire. » (Conférence sur l'armée romaine sous
la République, faite à Saint-Cyr, en 1898, par M. Guiraud.)

pour entraîner la conviction, en jetant d'ailleurs l'anathème à qui se permettrait la moindre objection. C'est bon pour les enfants, ou pour certaines natures simples et peu cultivées sur lesquelles le raisonnement aurait peu de prise.

Lorsque le jeune homme arrive à l'âge où l'âme inquiète se prend à scruter avec anxiété les redoutables problèmes dont l'homme ne connaîtra peut-être jamais la solution, il lui faut autre chose qu'une simple affirmation.

Faute de quoi, plus d'un adolescent au cœur ardent et généreux, épris de l'amour de l'humanité, rejette un sentiment qui lui paraît suranné et contraire à ses plus chères aspirations, sentiment qu'on s'est trop souvent borné, d'ailleurs, à lui présenter comme consistant surtout dans la haine de l'étranger; il adopte d'enthousiasme les théories humanitaires et, convaincu de la possibilité actuelle de la suppression de la guerre, il rêve la suppression de l'armée.

Nous en connaissons plus d'un, chez qui l'étude et le raisonnement ont amené plus tard une réaction salutaire et complète; à ces braves cœurs, dont l'erreur a tenu surtout à un excès de générosité, peut-être aussi à une trop grande avance sur leur époque, un peu d'attention de la part de leurs éducateurs aurait pu épargner une crise angoissante.

Allons-nous donc, objectera-t-on, raisonner le patriotisme, ce sentiment sublime dont le germe est dans tous les cœurs, et qui se développe spontanément dans les âmes bien nées? Est-ce qu'en pareille matière les plus beaux raisonnements du monde vaudront jamais une foi ardente, seule capable d'inspirer les grands dévouements? Ne risquons-nous pas, par des discussions intempestives, de jeter le trouble et le doute dans des âmes simples, qui ne demanderaient qu'à croire les yeux fermés?

Que nous le voulions ou non, nous vivons à une époque où tout est mis en discussion; c'est une conséquence forcée de la diffusion de l'instruction; plus les esprits sont éclairés, plus ils se refusent à croire sans vérifier que la raison est bien d'accord avec la foi. Il importe de bien nous rendre compte de cette situation, et d'y conformer nos procédés d'éducation; sinon, certaines vérités essentielles risqueront d'être méconnues; certains sentiments dont il importe au bien du pays que nos jeunes générations soient pénétrées, pourront être complètement dénaturés.

VII

Serrons donc la question d'un peu plus près, et essayons de déterminer aussi exactement que possible la nature et le principe du patriotisme et du devoir national, tels que nous devons les concevoir actuellement (1).

L'instinct naturel pousse tous les êtres vivants à l'accomplissement d'actes ayant pour objet la conservation des individus et la reproduction de l'espèce.

Dans l'espèce humaine, s'observe en outre un sentiment non moins impérieux qui présente également tous les caractères d'un instinct naturel, et qui incite les natures les plus élevées à la recherche du progrès intellectuel et moral.

C'est ce sentiment qui anime le savant risquant sa vie

---

(1) Le lecteur voudra bien ne pas voir dans les lignes qui suivent une négation de parti pris de toute foi religieuse. Il est bien clair que le devoir national s'impose à tout citoyen, quelle que soit sa religion, aussi bien que s'il n'en pratique aucune. Il doit donc, nécessairement, reposer sur des principes n'appartenant en propre à aucune confession particulière.

dans une expérience dangereuse, le martyr marchant au supplice pour affirmer sa foi dans une religion dont l'avènement marque pour lui l'accomplissement d'une étape nouvelle dans la voie de la perfection morale.

L'humanité accomplit ainsi une évolution dont, sans doute, il nous est scientifiquement impossible de déterminer la fin; nous devons croire, cependant, qu'une de ses conséquences sera d'assurer au genre humain la plus grande somme de bonheur possible.

Il semble que ce point puisse être regardé comme généralement admis, car les lois qui régissent les sociétés humaines n'ont pas d'autre fondement, en dehors des religions positives, dont l'influence à cet égard tend à se restreindre de plus en plus.

Chacun de nous a le devoir de participer de toutes ses forces, directement ou indirectement, aux progrès de la science et surtout au perfectionnement moral de l'humanité. Sa coopération sera directe si des facultés intellectuelles suffisamment développées, ou, ce qui est infiniment plus rare, une exceptionnelle valeur morale lui permettent de réaliser un progrès définitif, si faible qu'il soit, dans l'ordre scientifique ou moral; elle sera indirecte si elle se borne à assurer l'existence des individus et de la collectivité dont ils font partie, ainsi que la perpétuité de l'espèce humaine.

La coopération indirecte n'est pas moins indispensable que la première, car il est évident que l'existence de l'humanité est la condition *sine quâ non* de son évolution; d'autre part, il est essentiel, au point de vue de l'intérêt général, que les hommes auxquels leurs dons naturels permettent la coopération directe puissent se consacrer entièrement à leur tâche, en se déchargeant sur leurs semblables moins bien doués des soucis matériels de l'existence.

Les deux formes d'activité sont donc estimables, puisqu'elles sont l'une et l'autre nécessaires.

C'est de là que découle la loi sacrée du travail, en vertu de laquelle l'humble paysan qui casse des pierres sur la route a droit à notre sympathie, tandis que l'oisif qui passe une existence inutile dans des lambris dorés ne mérite que notre mépris.

Mais l'activité de chacun serait vaine si ces efforts demeuraient isolés. Aussi l'évolution de l'humanité ne put-elle commencer que le jour où les familles, mettant en commun leurs intérêts, leurs moyens de défense et d'action, formèrent des groupes plus ou moins nombreux, analogues tout d'abord à ceux que nous observons actuellement encore chez certaines espèces d'animaux.

Ces groupes ont une tendance constante à s'accroître, pour deux raisons : leur action extérieure, ainsi que leur résistance aux ennemis du dehors, sont d'autant plus puissantes qu'ils sont plus nombreux; les luttes à main armée sont rendues plus rares par la réunion de plusieurs groupes en un tout juridiquement constitué, c'est-à-dire pourvu d'une organisation comportant le règlement pacifique des conflits qui s'élèvent entre ces groupes ou les individus qui les composent.

Mais cette réunion de plusieurs groupes en un seul ne saurait être définitive que si elle repose sur une réelle et permanente communauté d'intérêts et surtout de sentiments; sinon, les conflits armés ne sont que plus inévitables et plus violents.

L'évolution des groupes est donc étroitement subordonnée à l'évolution morale de l'humanité; à vouloir hâter la première sans tenir compte de l'état d'avancement de la seconde, on risque de provoquer de dangereuses réactions, susceptibles de retarder plus ou moins longtemps les progrès qu'on a prématurément cherché à réaliser.

Si nous considérons en particulier la nation civilisée contemporaine, nous la concevons comme une collectivité, dont les membres sont unis par des sympathies communes et par la volonté de vivre ensemble.

Les questions de race, de langue, de religion, qui ont joué un rôle capital dans la formation de ces nations, n'ont plus aujourd'hui qu'une part plus restreinte dans les liens qui les unissent (1). Les invoquer à notre époque pour justifier ou réclamer des acquisitions territoriales au détriment d'une nation voisine, c'est aller à l'encontre de ce qui doit constituer le principe même du droit international; c'est faire reculer la civilisation.

Le véritable lien national, c'est un idéal commun; ce sont les sacrifices consentis dans le passé et dans le présent, à consentir encore dans l'avenir, pour la réalisation de cet idéal.

Aussi, lorsque les groupes humains ont atteint un degré de civilisation suffisamment avancé, leur rôle essentiel est l'influence qu'ils exercent sur l'évolution morale de l'humanité; c'est là le but suprême de leur

---

(1) « Les plus nobles pays, la France, l'Angleterre, l'Italie, sont ceux dont le sang est le plus mêlé. L'Allemagne fait-elle à cet égard une exception? Est-elle un pays germanique pur? Quelle illusion! Tout le Sud a été gaulois. Tout l'Est, à partir de l'Elbe, est slave... »

» Les Etats-Unis et l'Angleterre, l'Amérique espagnole et l'Espagne parlent la même langue et ne forment pas une seule nation. Au contraire, la Suisse, si bien faite, puisqu'elle a été faite par l'assentiment de ses différentes parties, compte trois ou quatre langues.

» L'importance politique qu'on attache aux langues vient de ce qu'on les regarde comme un signe de race. Rien n'est plus faux. La Prusse, où l'on ne parle qu'allemand, parlait slave il y a quelques siècles; le pays de Galles parle anglais; la Gaule et l'Espagne parlent l'idiome primitif d'Albe la Longue; l'Egypte parle arabe...

» On peut être Français, Anglais, Allemand, en étant catholique, protestant, israélite, en ne pratiquant aucun culte. La religion est devenue chose individuelle. » (Renan, *Qu'est-ce qu'une Nation?* Conférence faite à la Sorbonne en 1882.)

existence, but qui les entraîne infiniment plus haut et plus loin que leurs frontières.

La prospérité matérielle, la puissance militaire et tous les éléments qui constituent la richesse et la force des nations, ne sont donc pas l'objet définitif de leurs efforts, mais seulement les moyens qui doivent leur permettre de coopérer au progrès moral, tant par leur perfectionnement propre que par leur action sur les autres peuples moins civilisés.

L'énergie de chaque groupe est évidemment la résultante des énergies individuelles ; par suite, dans une nation civilisée, le devoir commun à tous les hommes qui en font partie, *le devoir national*, est de contribuer le plus possible à la prospérité matérielle du pays et à son développement intellectuel ; d'exercer à cet effet leur activité sans gêner celle de leurs concitoyens, mais, au contraire, en la favorisant ; de s'acquitter avec une entière abnégation de leur devoir militaire, dont l'accomplissement constitue la sauvegarde essentielle de l'existence de la nation ; les mieux doués d'entre les enfants du pays auront, en outre, l'insigne honneur de prendre une part active au progrès intellectuel ou moral ; ils seront ces savants, ces philosophes, ces littérateurs, dont on dit qu'ils n'appartiennent pas à telle ou telle patrie, mais au genre humain tout entier.

Le devoir national nous apparaît ainsi comme *la forme actuelle et concrète du devoir envers l'humanité.*

Le patriotisme est le sentiment qui constitue le facteur essentiel de la formation, de la conservation, de l'activité propre de chaque groupe. Il est d'autant plus élevé, d'autant plus conscient, d'autant plus impérieux, que l'évolution morale de ce dernier est plus avancée.

Dans la période qui suit la formation des groupes, leur activité est débordante, très différente dans chaque groupe de celle des voisins, souvent même en opposition formelle avec cette dernière; il en résulte des guerres fréquentes, et le patriotisme revêt la forme d'un sentiment très agressif.

Peu à peu, les différences s'atténuent; sous la pression de certaines nécessités, dont la plus fréquente est celle de s'unir contre des voisins plus puissants, ou de sauvegarder des intérêts communs, certains groupes tendent à se réunir; pour n'y point faire obstacle, le patriotisme, sans perdre de son intensité, doit devenir moins exclusif, sous peine d'y perdre parfois jusqu'à son nom, et d'être qualifié particularisme.

L'intensité du patriotisme décroît lorsque l'énergie morale du groupe, principe de sa vitalité, vient à faiblir; c'est le plus souvent, pour ce dernier, le présage d'une dislocation partielle ou totale.

VIII

Les considérations qui précèdent montrent que, si une nation est pleinement consciente de son rôle civilisateur, si elle s'applique de toutes ses forces à le remplir, le patriotisme ne saurait être en opposition, chez les citoyens qui la composent, avec l'amour de l'humanité.

Cependant, la nécessité de se défendre contre les ennemis du dehors oblige cette nation à des précautions, à des actes parfois présentés comme anti-humanitaires au premier chef.

C'est l'organisation et l'entretien d'une armée permanente et d'un matériel de guerre considérable, qui absorbent, en pleine paix, une grande partie de l'énergie nationale.

C'est la guerre et ses conséquences, si fécondes en deuils et misères de toutes sortes.

On a donc proposé, pour éviter ces malheurs et ces

inconvénients, de renoncer à l'idée de patrie, en faisant appel à la fraternité des peuples.

Voyons si cet idéal paraît réalisable immédiatement, ou seulement dans un temps plus ou moins éloigné, et si, dans ce dernier cas, en essayant de brusquer une évolution jugée trop lente, on n'irait pas directement à l'encontre du but qu'on se propose d'atteindre.

IX

Certaines personnes basent l'espoir d'une paix définitive sur les progrès que fait manifestement l'idée de l'arbitrage entre nations européennes, et la probabilité de voir un jour ces mêmes nations se grouper en une seule confédération.

Il suffit d'un peu de réflexion pour se convaincre qu'il ne faut pas compter trouver là, avant longtemps, une garantie certaine contre les conflits armés entre nations civilisées.

L'arbitrage peut être facultatif ou obligatoire.

L'arbitrage facultatif ne saurait avoir qu'un effet limité ; il peut uniquement servir à régler les petits conflits qui surviennent de temps à autre entre des nations n'ayant pas, d'autre part, de graves motifs de dissentiment.

Sans doute, en donnant une solution à ces conflits avant qu'ils s'enveniment, il peut arriver qu'on empêche la nervosité d'une des nations intéressées, des imprudences de la presse, ou toute autre cause, de faire dégénérer une petite affaire d'intérêt en une grave affaire d'honneur impossible à résoudre pacifiquement. Le rôle de l'arbitrage facultatif paraît ainsi se borner à diminuer la fréquence de ce qu'on pourrait appeler les *guerres accidentelles*, résultat qui est certes loin d'être négligeable, hâtons-nous de le reconnaître.

Mais, en dehors de ces guerres accidentelles, il en est d'autres qui reconnaissent des causes infiniment plus profondes, et qui paraissent à peu près inévitables.

A certains moments de leur évolution, il se produit chez les peuples de véritables crises, correspondant à des changements d'état qui ne peuvent le plus souvent s'effectuer sans intéresser plus ou moins directement les nations voisines.

Ces changements d'état s'imposent, en général, d'une façon si impérieuse aux peuples chez lesquels ils tendent à se produire, que ceux-ci ne craignent pas, s'ils rencontrent de la résistance de la part d'un ou plusieurs de leurs voisins, de risquer leur existence même dans une lutte parfois très inégale, plutôt que de renoncer à voir se réaliser les conditions nouvelles sans lesquelles ils ne sauraient vivre désormais.

C'est ainsi qu'au déclin du xviii⁰ siècle, les souverains européens, craignant de voir leurs sujets, gagnés par l'exemple, suivre le mouvement révolutionnaire de la nation française, s'opposèrent à l'émancipation de cette dernière ; mais nos. pères, qui voulaient vraiment vivre libres ou mourir, préférèrent entamer la lutte contre l'Europe presque entière que de subir une restauration monarchique, de « reprendre leurs fers », comme ils disaient.

De même, lorsque le centre de gravité de l'Allemagne se fut virtuellement transporté de Vienne à Berlin, la guerre qui éclata en 1866 devint inévitable, car l'Autriche ne pouvait souscrire sans déshonneur aux conséquences matérielles de ce fait, si elle n'y était contrainte par la force des armes. Le triomphe de la Prusse exigea de cette nation un effort réellement formidable, dont le succès n'était rien moins que certain au début des hostilités.

Jamais, évidemment, l'arbitrage facultatif ne pourra empêcher de pareilles guerres d'éclater.

Quant à l'arbitrage obligatoire, de par sa définition même, il suppose une sanction, c'est-à-dire l'exécution militaire des récalcitrants.

Il semble donc bien qu'on tourne là dans un cercle vicieux et, de fait, dans l'état actuel de l'Europe, l'établissement de l'arbitrage obligatoire aurait vraisemblablement pour conséquence immédiate une conflagration universelle, qui causerait des désastres autrement importants que les guerres particulières qu'on aurait voulu prévenir.

On peut donc dire qu'en réalité, lorsque l'arbitrage obligatoire pourra être efficacement réalisé, c'est que l'Europe sera mûre pour la constitution d'une confédération entre les différents Etats qui la composent.

Il est en effet vraisemblable que ces derniers en arriveront, dans un avenir plus ou moins éloigné, à se réunir pour former ce qu'on appelle parfois les Etats-Unis d'Europe. La diversité des races ne saurait y faire obstacle, et la confédération helvétique nous fournit l'exemple d'une nation composée d'éléments appartenant à trois races tout à fait distinctes, sans qu'un conflit sérieux s'élève jamais entre eux. Le développement des communications et, par suite, l'importance des échanges et des relations, qui augmentent tous les jours, rend les peuples plus solidaires, leur apprend à mieux se connaître, et favorisera un groupement que d'impérieuses nécessités, venant de l'extérieur, contribueront sans doute encore à accélérer.

Mais nous n'en sommes pas là ; longtemps encore subsisteront entre les Etats de l'Europe des causes de conflit qui pourront amener la guerre. Si certains d'entre eux s'orientent résolument dans la voie de l'arbitrage, d'autres y manifestent une grande répugnance, et ce sont précisément ceux qui, ayant le plus abusé de la force dans ces dernières années, à l'égard des autres nations européennes, inspirent le plus de craintes aux amis de la paix.

D'ailleurs, un pareil changement ne se fera probablement pas sans heurt ni violence ; les plus forts s'efforceront d'absorber les plus faibles ; de très vives luttes d'influence se produiront, et il serait particulièrement dangereux d'être désarmés dans un pareil moment. Lorsque se régleront les droits et les devoirs des différentes parties, la part qui nous sera faite dépendra beaucoup de notre puissance militaire.

Ne perdons donc jamais de vue la question de savoir si, lorsque se formera la « confédération européenne », nous y entrerons comme partie contractante et, dans ce cas, quelle sera notre place, ou si nous y serons au contraire amenés en vaincus, conduits en laisse par quelque puissant voisin.

X

Rien n'est donc à la fois plus faux et plus dangereux que de représenter la guerre comme une chose si haïssable qu'il faille l'éviter à tout prix ; elle n'est pas, dans l'état actuel de l'humanité, le plus grand des maux qui puissent arriver à une nation.

Lorsqu'il s'agit non seulement de défendre son honneur ou son indépendance, mais simplement d'accomplir un devoir, un peuple n'a pas plus le droit de reculer devant la guerre qu'un homme d'hésiter devant la mort.

Que les philanthropes, dans l'espoir de rendre plus rares les luttes à main armée, s'attachent à dépeindre les deuils et les misères qu'elles entraînent, c'est bien ; mais qu'ils prennent garde de dépasser le but, et d'arriver non seulement à faire détester la guerre, mais aussi à la faire craindre, ce qui est bien différent.

Ce dernier sentiment n'a déjà que trop de tendance à se développer sous l'influence du bien-être que procure une civilisation raffinée; il importe de réagir énergiquement contre lui, car une nation dans laquelle il viendrait à se généraliser serait vouée à une perte certaine.

Longtemps encore les vertus guerrières seront nécessaires aux citoyens d'une nation jalouse de poursuivre librement ses destinées; longtemps encore on pourra répéter la forte parole du président Roosevelt :

« Quand les hommes... craignent la guerre juste, ...ils tremblent sur le bord de la damnation; et il serait bien qu'ils s'évanouissent de la surface de la terre (1)... »

XI

Voyons maintenant quelle est, en Europe, la situation particulière de la France.

« La France, dit le capitaine Gavet (2), est la seule nation qui soit en marche vers l'humanité, qui se reconnaisse des devoirs d'une façon assez nette pour s'interdire des actes anti-humains. Elle a sur les autres nations une avance considérable en fait de civilisation morale. Il lui est devenu impossible, par suite de ses sentiments moraux, de brutaliser des populations civilisées, de se les annexer violemment en les privant de leur patrie, de « saigner à blanc » l'ennemi vaincu. Le plus humble paysan de notre pays a fréquemment, sous ce rapport, des notions hautes inconnues ailleurs, même aux classes dirigeantes. »

______

(1) Discours prononcé au Hamilton Club, Chicago, le 10 avril 1899.

(2) *L'Art de commander.*

« Entre les patries, dit M. Lavisse (1), les plus grandes sont celles qui ont rendu le plus de services à l'humanité. Il n'en est pas d'aussi grande que la France. Dans sa vie intérieure, elle jouit de la liberté politique et s'efforce de pratiquer la justice sociale ; au dehors, personne ne souffre par elle ; elle n'a pas, comme l'Angleterre, une Irlande ; comme la Prusse, la Russie et l'Autriche, une Pologne ; comme l'Allemagne, une Alsace. Hors d'Europe, là où elle domine des races inférieures, elle est humaine. Elle seule a cet honneur que ses idées et ses armes furent souvent libératrices, et qu'elle a aidé des nations à naître. »

Ainsi, ce qui caractérise notre belle et noble patrie, c'est son « avance en civilisation morale » ; ce sont les services qu'elle a rendus à l'humanité, si grands et si nombreux qu'aucune autre nation ne peut lui être comparée sous ce rapport.

Mais cette « avance en civilisation morale », qui est tout à l'honneur de la France et nous est un motif de plus de la chérir, peut devenir une cause de faiblesse si l'on n'y prend garde.

Il en résulte, en effet ,qu'un assez grand nombre de nos compatriotes, animés de sentiments très pacifiques à l'égard des nations étrangères, ont une tendance à supposer, chez ces dernières, les mêmes dispositions à l'égard de la France ; de là à conclure à la possibilité d'un désarmement, tout au moins partiel, il n'y a qu'un pas, bien vite franchi.

Cependant, sans pousser les choses au noir, et sans voir dans tous nos voisins des ennemis acharnés n'attendant qu'une occasion pour s'unir contre la France et la démembrer, on a peine à concevoir comment d'aussi dangereuses illusions peuvent prendre naissance, trente ans

---

(1) Programme des conférences faites à Saint-Cyr en 1898.

après une guerre qui, commencée par le coup de la dépêche d'Ems, s'est terminée par l'annexion de deux de nos provinces.

Hélas! on s'en rend trop bien compte, quand on songe au grand nombre de Français qui vivent dans une ignorance complète de tout ce qui a trait à la guerre franco-allemande.

« Sur cent jeunes gens qui arrivent au régiment, dit M. Guérin-Catelain, secrétaire du Comité national des conférences populaires (1), il n'y en a pas dix qui, interrogés sur la guerre de 1870, sachent contre quelle puissance la France a combattu à cette époque si proche pour ceux qui l'ont connue. 90 p. 100 ignorent le nom des généraux français tombés alors pour la patrie, aussi bien que les noms de Bismarck ou de l'empereur Guillaume; ils ignorent la perte de nos provinces et la mutilation de notre territoire. »

Il faut que tous, pères de famille, instituteurs, officiers, nous réagissions de toutes nos forces contre un pareil état de choses; nos enfants, nos soldats ne doivent pas oublier l'Alsace-Lorraine, qui n'oublie pas la France.

Faisons-leur bien comprendre qu'il s'agit là d'une question de vie ou de mort pour la solidarité nationale; un citoyen français qui n'est pas prêt aujourd'hui à verser son sang pour rendre à la mère patrie les deux provinces qui lui ont été violemment arrachées, n'a pas le droit de compter que demain, si la région qu'il habite est à son tour menacée par l'invasion, le reste du pays se lèvera pour la défendre.

Il faut leur enseigner en détail l'histoire de cette douloureuse époque. Elle leur montrera comment l'Allemagne préparait la guerre qu'elle voulait depuis longtemps,

---

(1) Rapport sur les conférences régimentaires pendant l'exercice 1901-1902.

tandis que Napoléon III, en 1863 et en 1867, faisait des propositions de désarmement, les renouvelait encore en 1870, par l'intermédiaire de l'Angleterre, en même temps que, pour joindre l'acte à la parole, il diminuait le contingent annuel de 10.000 hommes, à la veille même de la déclaration de guerre ; comment Bismarck, en tronquant la fameuse dépêche d'Ems, rendit la rupture inévitable, tout en nous attribuant le rôle d'agresseurs ; comment, à maintes reprises, au cours d'une lutte sans merci contre notre malheureuse patrie, le commandement allemand viola le droit des gens généralement admis entre nations civilisées; comment, enfin, l'Allemagne exigea, après nos défaites, la cession de deux de nos provinces, commettant ainsi non seulement un attentat contre notre intégrité nationale, un odieux abus de la force à l'égard des Alsaciens-Lorrains, seuls maîtres de leurs destinées, mais un véritable crime de lèse-humanité, puisqu'elle retardait ainsi, dans une mesure qu'on ne saurait fixer, l'évolution morale des nations européennes, et, par suite, du genre humain tout entier (1).

---

(1) Nous empruntons à *L'Alsace-Lorraine devant l'Europe* la citation suivante de l'éminent historien Bonghi, ancien ministre de l'instruction publique en Italie, qui résume très bien cette question, et dont les conclusions, émanant d'un étranger, ne sauraient être attribuées au chauvinisme :

« L'Allemagne a acquis l'Alsace-Lorraine par un traité de paix après une guerre victorieuse; elle a changé ainsi un droit public presque définitivement admis, à savoir que l'on ne doit pas faire passer les populations sous la domination d'un autre Etat sans leur consentement. Quelque objection que l'on veuille opposer à ce droit, il était certainement plus civilisé. Le retour à l'ancien droit, au droit pur et simple que prétend avoir la force, était, dans le cas présent, certainement excusé par la conviction où l'on était qu'en réunissant l'Alsace à l'Allemagne on unissait des compatriotes à des compatriotes; mais l'expérience a montré que *ce n'est pas dans l'histoire ou dans le langage d'un peuple qu'il faut chercher sa nationalité, mais dans sa conscience.* Cette dernière seule a qualité pour dire à quelle nation elle estime appartenir ; et, comme on ne leur a pas permis de répondre par des paroles, les Alsaciens ont répondu par des faits que désormais ils ne s'estiment et ne sont plus Allemands. L'union avec l'Allemagne où les

Il faut faire apprendre à nos enfants la poignante protestation des députés d'Alsace-Lorraine, lue à la séance de l'Assemblée nationale du 17 février 1871, et insérée le 22 au *Journal officiel de la République française* (1).

Les tendances actuelles de notre nation, essentiellement pacifiques, donnent à penser que ce n'est pas elle, d'ici longtemps, qui prendra la redoutable initiative d'une guerre, même pour reconquérir Metz et Strasbourg; mais nous ignorons ce que nous réserve l'avenir. Tôt ou tard, la France peut être amenée à prendre les armes pour défendre ses droits ou son existence ; son épée, une fois hors du fourreau, ne devra y rentrer qu'après avoir rendu l'Alsace et la Lorraine à leur patrie.

D'autre part, aux citoyens français qui, prenant leur parti de la situation actuelle, seraient tentés de s'endormir dans une sécurité trompeuse, disons bien que si l'Allemagne a prétendu justifier l'annexion de nos deux provinces en les considérant comme terre allemande, elle se tient prête, le cas échéant, à faire subir le même sort, en se basant sur les mêmes arguments, à d'autres parties de notre territoire.

« Qu'on ouvre entre autres, dit l'auteur de *L'Alsace-Lorraine devant l'Europe*, les divers manuels de géographie de Daniel, ouvrages classiques s'il en fut, puisque leur usage est officiellement prescrit dans toutes les écoles de l'empire, et que l'un d'eux, le Leitfaden, atteignait en 1891 sa 170° édition. On y trouvera un

---

a précipités la guerre de 1870 est donc une chose violente qui ne peut, ou du moins qui ne doit pas durer, et dont l'exemple corrompt entièrement l'âme de l'Europe. » (*Nuora Antologia*, livraison du 14 septembre 1891.)

(1) Pour éviter des recherches aux personnes qui voudraient réaliser le vœu que nous exprimons, nous reproduisons cette protestation dans l'appendice placé à la fin du volume.

exemple que je voudrais voir affiché aux murs de toutes nos salles d'école et des chambrées de toutes nos casernes :

« Les limites naturelles de l'empire allemand sont
» la Baltique, la mer du Nord; la ligne de partage des
» eaux entre les bassins du Rhin et de la Seine, courant
» de Boulogne à Langres; les monts Faucilles; le Jura,
» qui, semblable à une muraille, sépare la France de
» l'Allemagne; le Rhône; les Alpes; l'Adriatique (golfe
» de Fiume); les Carpathes de Hongrie et la Narewa
» dans le golfe de Finlande, à trente-cinq lieues de
» Saint-Pétersbourg.

» Les limites politiques de l'empire allemand sont de
» beaucoup en arrière de ses limites naturelles, et nous
» avons le regret d'avouer que le tiers environ de la
» patrie allemande est encore détenu par nos voisins. »

Prenons donc garde qu'une diminution sensible de notre puissance militaire n'ait pour conséquence imdiate une attaque qui nous surprendrait en état d'infériorité, et méditons la parole de Mirabeau : « C'est la faiblesse qui appelle la guerre; une résistance générale serait la paix universelle. »

Si la France a proclamé, il y a plus de cent ans, par la voix d'un de ses représentants les plus autorisés (1), que « tout peuple, quelle que soit l'exiguïté du pays qu'il habite, est absolument maître chez lui; qu'il est égal en droit au plus grand et que nul autre ne peut légitimement attenter à son indépendance », ce principe est encore loin d'être admis par toutes les nations européennes.

Longtemps encore, la force restera le soutien indispensable du droit.

---

(1) **Lazare Carnot** à la tribune de la Convention.

N'oublions pas que, comme le dit si justement M. Faguet, « les peuples très civilisés qui ont oublié d'être militaires ont péri et, en périssant, ont laissé reculer, ce qui revient à dire, ont fait reculer la civilisation » et disons-nous bien que, pour un Français, la façon *la plus efficace* d'aimer l'humanité, c'est d'aimer son pays et, par conséquent, de se tenir prêt à le défendre envers et contre tous; nos devoirs envers notre patrie sont d'autant plus impérieux qu'elle est par excellence la nation civilisatrice.

XII

Le devoir militaire est donc aujourd'hui, comme hier, notre première obligation, la partie essentielle de notre devoir national; autant que jamais, une forte organisation militaire est nécessaire à la France, si elle veut poursuivre librement dans l'avenir la mission libératrice qui est l'honneur de son passé et reste la véritable raison d'être de son existence.

Sans doute, un désarmement progressif permettrait d'alléger les charges qui pèsent si lourdement sur toutes les nations européennes, mais ce n'est pas à la France mutilée qu'il convient d'en prendre l'initiative. Un tel acte impliquerait de sa part la reconnaissance tacite de la situation actuelle; elle n'a pas le *droit* de le faire, car c'est aux Alsaciens-Lorrains seuls qu'il appartient de décider s'ils doivent être Français ou Allemands.

XIII

La caserne complétera l'œuvre de l'école, en comblant les lacunes que cette dernière pourrait avoir laissé subsister, en exaltant encore un sentiment qui doit pénétrer le soldat jusqu'aux moelles.

Pour s'acquitter complètement de cette partie si importante de sa tâche, l'officier ne se bornera pas à des causeries s'adressant à tous les hommes d'une même unité; il prendra à part, de temps en temps, certaines catégories dont l'éducation patriotique lui paraîtra particulièrement intéressante ou difficile.

Les professeurs et instituteurs, notamment, lors de leur passage sous les drapeaux, devront être à ce point de vue l'objet de la plus grande sollicitude de la part de leurs chefs; ceux-ci verront en eux non seulement les soldats d'aujourd'hui, mais encore et surtout les éducateurs de demain.

Notre corps d'officiers peut trouver là un moyen très efficace d'exercer une action salutaire, bien qu'indirecte, sur l'éducation de la jeunesse française, grâce aux principes développés chez ses maîtres par leur passage dans cette grande école d'énergie physique et morale que doit être l'armée.

L'ÉDUCATION ET L'INSTRUCTION
MILITAIRES

Nous avons des hommes animés du plus ardent patriotisme et puisant dans ce sentiment l'inébranlable volonté d'accomplir entièrement leur devoir national.

Nous n'avons pas encore des soldats.

Pour être en mesure de s'acquitter de son devoir militaire, le citoyen doit avoir reçu l'instruction technique indispensable.

Mais les bons soldats ne doivent pas être seulement patriotes et instruits. Leur œuvre, en effet, n'est pas œuvre individuelle, mais collective; pour permettre la coordination nécessaire des efforts, il faut que les volontés aient appris à se subordonner, soit à d'autres volontés, soit à certains principes qui règlent la conduite de chacun dans toutes les circonstances où celle-ci n'est pas déterminée par un ordre venu d'en haut.

Il faut, en un mot, que les volontés soient *disciplinées*.

C'est la discipline qui indiquera au citoyen devenu soldat la forme concrète que prend à chaque instant le devoir idéal que lui impose le patriotisme.

L'INSTRUCTION

Nous n'avons pas à étudier ici l'instruction technique proprement dite. Nous essaierons seulement de déterminer la façon dont il convient de tenir compte, dans l'application des procédés qu'elle emploie, de l'influence que ceux-ci peuvent avoir sur le moral des hommes qui y sont soumis.

Une condition indispensable du succès à la guerre, c'est que le soldat ait confiance en lui-même; rien n'est plus propre à développer chez lui cette qualité, dès le temps de paix, que de lui faire constater personnellement, toutes les fois que la chose est possible, les résultats de l'instruction qui lui est donnée.

Par exemple, toute troupe d'infanterie peut être rendue apte, par un entraînement méthodique, à exécuter une étape de 60 kilomètres, sans qu'il soit nécessaire pour cela de la lui faire fournir en réalité; il est excellent néanmoins de la soumettre à cette épreuve, non pas tant pour exercer les chefs à la pratique des quelques précautions techniques que nécessite l'exécution d'une route un peu longue, que pour donner au soldat conscience de sa résistance à la fatigue; si pareil effort lui est demandé en campagne, il s'y prêtera avec d'autant plus de bonne volonté, d'autant plus de confiance que l'expérience lui aura prouvé qu'il est capable d'en venir à bout.

Il faut aussi tenir compte, dans l'instruction, de la nécessité de prémunir le soldat contre l'impression que peuvent lui causer certains mouvements nécessités, au cours du combat, par des circonstances particulièrement critiques; faute de cette préparation, ces mouvements paraîtront d'une exécution si dangereuse que, le cas échéant, les chefs pourront hésiter à en prescrire l'exécution.

On répète souvent, par exemple, qu'il est très important d'exécuter les retraites en bon ordre, sous peine de les voir se changer rapidement en déroute ; mais, lorsqu'on veut rompre le combat, au contact même de l'ennemi, c'est-à-dire à bonne portée de ses armes, il est à craindre que l'effet de ces dernières, favorisé par l'emploi de mouvements trop lents, de formations trop serrées, n'amène, malgré tout, le désordre qu'on a cherché à empêcher, et qu'au lieu d'une fuite rapide, mais ordonnée, on n'ait affaire à un sauve-qui-peut général, après lequel tout ralliement sera impossible. Il importe, en effet, d'éviter que, suivant l'expression du colonel Ardant du Picq, « l'instinct du combattant ne soit en contradiction absolument incompatible avec la méthode ordonnée »; ce serait la mort de la discipline, « qui se brise par les désobéissances tactiques, précisément à l'instant où elle est de la plus grande nécessité » (1).

Il est donc indispensable d'exercer les troupes à battre en retraite le plus vite possible, à un signal donné, en admettant, pour donner plus de sécurité et de rapidité à ce mouvement, une dispersion complète, suivie d'un ralliement derrière l'abri le plus proche. Mais, pour que ce ralliement s'exécute avec certitude et célérité, il faut que la troupe ait été rompue à l'exécution de pareils mouvements, et que la cohésion soit chez elle, suivant l'expression du capitaine Gavet (1), non pas une forme, mais une force.

La nécessité d'une telle manœuvre, comme de toutes celles qui permettent de se soustraire rapidement aux effets du feu, est d'autant plus grande que ces derniers sont plus meurtriers. Bien qu'ils fussent loin d'être à son époque ce qu'ils sont devenus depuis, le maréchal Bugeaud écrivait cependant : « ..... Il est même des circonstances telles qu'il faut courir pour s'éloigner des atteintes de ses adversaires; c'est souvent le seul moyen d'échapper à la destruction. Que de corps ont été anéantis pour avoir fait une retraite lente et compassée, qu'on appelle faussement méthodique.....

---

(1) *Loc. cit.*

» J'ai souvent ouï dire à de prétendus tacticiens que les retraites devaient se faire au pas ordinaire; ce principe m'a toujours paru faux; sans doute il est des circonstances où il faut qu'une partie de l'armée contienne l'ennemi pour donner au reste le temps de s'écouler ; mais alors, il ne faut pas marcher au pas ordinaire, il faut combattre et très souvent marcher en avant au pas de charge, pour relever le moral des siens et abattre celui de son ennemi.

» Mais, quand cette fraction de l'armée a joué son rôle, que le but est rempli et que l'agglomération croissante des forces de l'ennemi la met dans l'impossibilité de soutenir le combat, elle doit se retirer aussi vite que les circonstances le permettent.

» Nous nous exercerons donc, messieurs, à fuir méthodiquement, quoique en désordre, et à nous reformer avec promptitude (1)..... »

« Il faut ensuite, dit Marmont (2), accoutumer les troupes à charger à fond, sans s'occuper outre mesure de garder un certain ordre, impossible avec cette impétuosité, qui est le meilleur moyen de battre l'ennemi; mais, en même temps, on les accoutumera à se rallier, au premier signal, avec promptitude et dextérité. Il faut les mettre sans cesse en présence de cette circonstance, les y préparer par tous les moyens. Le désordre apparent de la charge n'influera plus alors sur leur moral.

» Au contraire, que les charges, dans l'instruction, soient modérées, elles seront moins vives encore devant l'ennemi et ne le culbuteront jamais; au premier désordre, les soldats se croiront perdus. Instruits comme je viens de le dire, ils regarderaient ce désordre comme

---

(1) *Principes physiques et moraux du combat de l'infanterie.*
(2) *Loc. cit.*

une circonstance habituelle, facile à réparer, et sans
aucun danger. »

Ces exemples montrent bien que l'instruction technique du soldat, loin d'être indépendante de son éducation morale, y est au contraire étroitement subordonnée.

LA DISCIPLINE

I

Une certaine discipline s'impose à toute réunion
d'hommes travaillant à une œuvre commune; les marins
qui composent l'équipage d'un navire, les employés d'une
administration ou d'une grande maison de commerce,
les ouvriers d'une usine doivent obéir à certaines règles,
agir suivant certains principes dont l'ensemble constitue
la discipline propre à la collectivité dont ils font partie.

Mais tandis que, dans une usine, par exemple, l'intérêt général n'est réellement compromis que si la discipline reçoit de graves et fréquentes atteintes, dans une
armée en campagne, au contraire, une seule défaillance,
fût-elle individuelle et momentanée, provînt-elle même
du dernier des soldats, peut avoir de très graves conséquences : par exemple, l'abandon de son poste par une
sentinelle, pendant quelques minutes, un léger retard
apporté par une estafette à remettre au destinataire un
ordre ou un renseignement important, amèneraient,
dans certaines circonstances, de véritables désastres.

Il en résulte pour la discipline militaire, en temps de
guerre, la nécessité d'une rigueur et d'une exactitude
que nulle autre discipline ne comporte au même degré.

En quoi consiste cette subordination des volontés qui
constitue l'essence même de la discipline militaire?

C'est d'abord, en toute circonstance, une entière soumission aux chefs, une stricte observation des règlements. La nécessité en est évidente, trop évidente même, car elle s'impose au point qu'on a parfois fait consister toute la discipline militaire dans la seule obéissance passive.

Mais une expérience chèrement acquise nous a appris qu'il ne faut pas toujours, pour agir en campagne, « attendre des ordres ».

D'autre part, la situation militaire se modifie parfois d'une façon si imprévue et si soudaine, que le commandement n'a pas le temps d'apporter les changements nécessaires aux ordres qu'il a donnés; c'est alors au subordonné de faire acte d'initiative pour satisfaire aux nouvelles nécessités.

L'exécutant n'est donc pas tant lié par les *ordres* du chef que par ses *intentions*, exprimées ou évidentes.

II

La discipline militaire dont il vient d'être question est proprement la *discipline de guerre*.

En temps de paix, la vie militaire comporte nécessairement l'observation de mesures d'ordre qui ne sont pas particulières à l'armée, mais qu'on retrouve plus ou moins dans toutes les collectivités, telles que les collèges, les grands établissements industriels, etc.

Aux différents échelons de la hiérarchie, les chefs sont appelés journellement à donner des ordres en vue de l'instruction de l'armée, de son administration, etc.

L'exécution de ces ordres, l'obéissance aux différentes consignes, constitue la discipline du temps de paix.

Celle-ci ne comporte donc pas, par elle-même, le même degré de rigueur et d'exactitude que la discipline de guerre.

Néanmoins, la pratique des deux disciplines doit présenter les mêmes caractères, parce que *la première est l'école de la seconde.*

C'est là un point qu'il ne faut jamais perdre de vue, quand on cherche à se rendre compte de ce que doit être l'action disciplinaire (1) du temps de paix.

III

Il y a quelques années, croyant peut-être imiter nos vainqueurs, un certain nombre d'officiers avaient placé leur idéal dans une méthode de commandement rigide, glaciale, bien contraire à notre tempérament français; cette méthode ne permettait pas aux chefs, suivant l'expression d'un de nos camarades qui la trouvait d'ailleurs parfaite, « de parler aux soldats autrement que pour leur donner des ordres, leur faire des observations, ou leur infliger des punitions ». Encore, dans ce système, l'observation, la remontrance, doit-elle être l'exception; en principe, toute faute doit entraîner punition.

La méthode d'éducation qui consiste à n'employer presque exclusivement que la répression, comme moyen d'action sur les hommes, voit diminuer chaque jour le nombre de ses partisans.

Néanmoins, elle répond à l'idée que beaucoup de gens se font de la discipline militaire; les gradés inférieurs, notamment, dans les unités où on les abandonne trop à eux-mêmes, n'en conçoivent généralement pas d'autre, et c'est précisément quand elle est appliquée par eux que ses inconvénients sont particulièrement graves; un

---

(1) Nous prenons ici cette expression dans son sens le plus large, c'est-à-dire que nous entendons par action disciplinaire l'ensemble des mesures propres à développer et à maintenir la discipline, et non l'emploi de la seule répression.

certain nombre d'officiers, d'ailleurs, s'en déclarent encore formellement partisans; il n'est donc pas inutile de la discuter.

IV

La répression est une arme à deux tranchants, dont l'usage, toujours délicat, est des plus dangereux entre des mains inexpérimentées ou maladroites.

Tous les dresseurs diront que, si un coup de fouet ou de cravache, appliqué à propos à un animal quelconque, peut être dans certains cas efficace, rien n'est plus mauvais, plus compromettant pour les résultats déjà acquis, qu'un châtiment infligé à tort.

Qu'est-ce donc lorsqu'il s'agit, non pas d'animaux, mais d'hommes raisonnables?

On objectera qu'il n'est pas difficile de punir à coup sûr, et qu'on est certain de ne pas se tromper, lorsqu'on sévit contre un homme qui n'a pas exécuté un ordre ou ne s'est pas conformé aux règlements.

Mais il faut songer qu'il est injuste de punir un soldat qui, pour un motif quelconque, n'a pas reçu l'ordre qu'on a donné ou cru donner; qui ne connaît pas les règlements, si ceux qui ont charge de l'instruire sont plus ou moins responsables de son ignorance; qui n'a pas compris l'ordre qu'il a reçu; enfin, s'il s'agit d'un châtiment sévère, qui n'avait pas conscience de la gravité de la faute qu'il a commise.

D'autre part, quand il est certain que la responsabilité de l'homme est engagée, il est nécessaire d'apprécier dans quelle mesure, afin d'y proportionner la répression; or, c'est loin d'être toujours facile.

Plus d'un refus d'obéissance, plus d'un acte d'indiscipline, qui conduit son auteur devant le conseil de guerre, a pour origine la démoralisation causée par des punitions ainsi infligées à tort ou exagérées.

L'action disciplinaire, principalement basée sur l'emploi des punitions, a encore cet inconvénient, si l'on n'y prend garde, qu'elle donne aux gradés l'impression qu'ils ont deux façons équivalentes de dégager leur responsabilité vis-à-vis de l'autorité supérieure : 1° obtenir de tous leurs inférieurs, sans avoir recours à la répression, une bonne exécution du service ; 2° punir les hommes qui n'ont pas rempli leurs obligations. Comme la seconde alternative exige des gradés infiniment moins de travail et d'attention que la première, il est à craindre qu'ils ne s'en contentent trop souvent, si leurs supérieurs n'y mettent pas bon ordre.

On en a vu aller ainsi jusqu'à infliger des punitions, simplement pour prendre en quelque sorte des jetons de présence, dans l'espoir de faire éclater leur zèle aux yeux de leurs chefs, en leur donnant l'occasion de constater qu'à telle heure, ils sont allés surveiller personnellement telle ou telle partie du service.

Les militaires qui, honorés d'une part quelconque au commandement, ont le moral assez bas pour employer d'aussi tristes procédés, y renonceraient rapidement, si l'autorité supérieure, leur rappelant sévèrement qu'en aucun cas le fait d'infliger une punition ne dégage leur responsabilité quand le service est mal exécuté, leur faisait sentir que la répétition des mesures de rigueur, de leur part, ne prouve qu'une chose, c'est qu'ils ne savent pas commander ou ne font pas leur devoir.

Quoi de plus immoral que la menace du châtiment, en vue d'obtenir l'exécution d'un ordre ou d'une prescription du règlement, sauf dans le cas exceptionnel où cette menace s'adresse à quelque sujet incorrigible, notoirement accessible à la seule crainte de la répression ? Que le chef tenté d'employer un tel moyen d'action songe que l'homme qui en est l'objet se dira peut-être en lui-même puisque le règlement lui interdit d'exprimer tout haut sa pensée : « Je ne crains pas la punition que vous pourriez m'infliger, et si j'obéis, c'est parce que le devoir m'en fait une obligation. » Combien se diminue une autorité qui cherche à s'affirmer par de pareils procédés !

On peut objecter que tout cela n'infirme pas la méthode elle-même, et les inconvénients qui viennent d'être signalés, s'ils prouvent qu'elle est d'une application délicate, peuvent être en très grande partie évités par un soin scrupuleux dans le choix et la formation des gradés, et surtout par une attention constante portée par le commandement sur tout ce qui a trait aux punitions. Il n'y aurait donc pas là de quoi condamner la méthode, s'il était avéré d'ailleurs qu'elle donne de bons résultats.

Elle présente malheureusement d'autres défauts beaucoup plus graves, qui tiennent à son principe même.

Les punitions, qui sont de moins en moins en honneur dans l'Université pour l'éducation des enfants (1), ne sauraient convenir davantage à l'éducation des soldats.

Si le mobile qui détermine l'obéissance est la crainte du châtiment, son action est nulle quand l'homme a la certitude de pouvoir échapper à la répression, soit en

---

(1) « Un enfant qu'on ne peut pas élever sans le punir doit être traité à part comme un malade.

» Je voudrais parler longuement des punitions au point de vue moral.

» Elles s'adressent à des mobiles bas et serviles ; elles sont dégradantes et ne constituent pas un élément de pédagogie. Si vous avez obtenu beaucoup des enfants avec des punitions et des menaces, vous n'avez rien fait de bien difficile : vous n'avez rien fait du tout ; mais si vous avez obtenu q elque chose, si peu que ce soit, de leur raison, de leur conscience et de leur cœur, vous avez fait œuvre morale, œuvre de pédagogie. » (M. Gory, docteur ès sciences, dans un rapport présenté au comité de la Ligue des Médecins et des Familles pour l'amélioration de l'hygiène physique et intellectuelle dans les écoles.)

déguisant la vérité, soit par suite de l'absence momentanée de toute surveillance, etc.

Au lieu de cette mâle franchise, de cette confiance réciproque qui doivent caractériser les relations d'hommes appelés à se faire tuer au besoin pour la même cause, l'emploi systématique de la répression engendre la dissimulation, le mensonge, la méfiance.

En dehors de sa présence effective, le chef ne peut compter sur rien de certain.

Le système de la répression prend l'homme exclusivement par un bas *intérét personnel;* si donc il permet d'établir une discipline du temps de paix à peu près satisfaisante, du moins en apparence, il ne saurait préparer une bonne discipline de guerre, attendu que celle-ci repose avant tout sur *l'abnégation.*

Précisons :

Le service du temps de paix, s'il est parfois fatigant, n'est jamais dangereux, ni même exténuant; il ne comporte guère de privations. Il ne pèse réellement qu'à certaines natures très indépendantes qui ne peuvent supporter aucune entrave. Des moyens de répression formidables, si on compare leur sévérité au résultat qu'ils doivent procurer, permettent de briser aisément toute velléité de résistance, de sorte qu'en temps de paix l'intérêt personnel bien entendu du soldat est de servir régulièrement. Tous ceux qu'une passion quelconque n'aveugle pas s'en rendent bien compte, et règlent leur conduite en conséquence.

En temps de guerre, c'est l'inverse. Les dangers, les privations, les fatigues extrêmes, mettent fréquemment l'instinct du soldat en opposition directe avec l'exécution des ordres qu'il reçoit. Les moyens de répression, par contre, se réduisent à peu de chose, en exceptant toutefois la peine de mort, dont il est difficile de généraliser l'application. Si l'homme continue à considérer son intérêt personnel comme le principal mobile de ses actions, il se dérobera à son devoir toutes les fois que l'accomplissement de ce dernier comportera pour lui quelque danger, et qu'il n'aura pas à craindre le peloton d'exécution.

Une discipline du temps de paix, uniquement basée sur la répression, ne peut donc pas constituer une préparation efficace à la discipline de guerre.

Elle nous apparaît, au contraire, comme un trompe-l'œil d'autant plus dangereux qu'elle est plus parfaite, car on peut être tenté d'attribuer à une troupe qui se présente bien une valeur guerrière qu'elle ne possède pas en réalité, si la correction de ses manœuvres, sa belle tenue et toutes les autres qualités que permet de constater chez elle un examen plus ou moins superficiel, ont été obtenues à coups de punitions.

En appliquant indistinctement à toutes les fautes une répression dûment proportionnée à leur gravité, ainsi qu'aux antécédents des hommes qui les ont commises, on arrivera sans doute, par la crainte qu'on inspirera, à rendre ces fautes moins fréquentes, mais les résultats ainsi obtenus auront toujours quelque chose de précaire et de momentané. *Ce n'est pas, en effet, aux manifestations du mal qu'il faut appliquer le remède, mais à sa cause;* c'est ce qui fait que l'emploi des mesures de rigueur ne permet d'obtenir qu'une discipline toute factice et superficielle, à laquelle le cœur de l'homme reste complètement étranger (1).

Seule, l'éducation morale peut donner à nos soldats conscience de leurs devoirs envers la patrie, envers leurs

---

(1) «... La discipline la plus exacte ne vaudrait rien si elle était mécanique et sans âme, si elle imposait les actes sans rien dire au cœur et à la raison, si elle pliait ou brisait les volontés au lieu de les conquérir. » (Henri Marion, *loc. cit.*). L'auteur vise ici la discipline scolaire, mais l'idée qu'il exprime s'applique également à la discipline militaire.

chefs, envers leurs camarades, et la ferme volonté de les accomplir coûte que coûte; seule encore, elle donne les moyens de ramener dans la bonne voie ceux qui s'en seraient écartés.

La répression est cependant utile dans certains cas; parfois même elle est indispensable; elle a donc un rôle à jouer dans l'établissement et le maintien de la discipline; mais ce rôle, que nous nous efforcerons de déterminer plus loin, ne saurait être qu'accessoire.

V

De tout temps, dans notre armée, les honneurs rendus au drapeau et aux chefs, l'extrême correction exigée dans les manœuvres à rangs serrés, les marques extérieures de respect, les grandes revues, qui ne sont, en définitive, que des cérémonies du culte de la patrie, ont eu pour but de développer chez le soldat le patriotisme, le sentiment de la discipline, de la cohésion, du devoir militaire, et ont constitué, par suite, des éléments de son éducation morale.

Mais il est nécessaire que ceux-ci soient, en quelque sorte, vivifiés par des commentaires qui, en indiquant à l'homme les sentiments dont ils sont l'expression et la raison d'être des actes qu'on exige de lui, éveillent sa conscience et fortifient sa volonté; sinon, l'éducation morale est incomplète, car elle s'adresse à peu près uniquement à l'inconscient (1).

---

(1) On s'en rend bien compte en observant les lacunes que peut laisser subsister dans la conscience une éducation morale ainsi restreinte, appliquée non seulement aux soldats dans les régiments, mais aux jeunes officiers dans les écoles militaires.

Voici, par exemple, un lieutenant, excellent officier à tous égards. Néanmoins, au moment de se rendre à la revue du 14 juillet, il déclare à qui veut l'entendre que c'est pour lui une corvée. Ne va-t-il pas, en réalité, cependant, communier dans le culte du

Suffisante à une époque où les guerres étaient fréquentes, peut-être même seule possible dans un temps où la troupe se recrutait, pour la plus grande partie, dans les classes les moins éclairées de la nation, elle risque d'atteindre incomplètement son but avec notre armée actuelle, étant donné la rareté des guerres, la diffusion de l'instruction et les modifications profondes survenues dans notre organisation militaire, politique et sociale.

VI

Lorsqu'elle est réduite à sa plus simple expression, c'est-à-dire quand elle agit uniquement sur l'inconscient, au moyen d'associations convenablement réglées, l'éducation n'est plus que le dressage. Appliqué aux animaux, ce dernier permet de faire naître chez eux des réflexes non seulement nóuveaux, mais au besoin directement opposés à ceux qui proviennent de l'hérédité.

C'est ainsi qu'un chien d'arrêt bien dressé à se coucher au départ du gibier s'aplatit sur le sol et y reste immobile, lorsqu'un lièvre lui déboule entre les pattes, au lieu de se lancer à sa poursuite, comme l'y incite cependant un impérieux instinct.

Une pareille éducation, qu'on pourrait appeler éducation mécanique, est donc remarquablement efficace quand elle s'adresse à des animaux. Mais, si on l'applique à des hommes, il est à craindre qu'elle ne procure

---

drapeau, non seulement avec ses frères d'armes, mais avec les mille citoyens accourus pour contempler avec une joie patriotique la solennité militaire qui résume à leurs yeux la célébration de la fête de la patrie!

Le sentiment qui doit l'animer, en pareille circonstance, ce n'est pas seulement l'entrain que tout militaire discipliné doit apporte. à l'exécution d'un service commandé, quel qu'il soit; c'est surtout la ferveur d'un croyant qui participe à un acte essentiel du culte qu'il professe.

que des résultats incomplets et aléatoires, lorsque ceux qu'on y soumet sont en pleine possession de leur intelligence et de leur volonté.

En effet, sous l'action de certaines influences extérieures, le conscient, que n'a pas touché l'éducation, pourra venir s'opposer à l'inconscient, et paralyser l'action des réflexes péniblement créés.

Pour éviter une si fâcheuse éventualité, il faudrait pouvoir écarter toute influence dangereuse, comme s'efforce de le faire l'église catholique lorsqu'elle met à l'index les ouvrages dont la lecture lui parait de nature à ébranler la foi de ses fidèles.

Une pareille condition est évidemment impossible à réaliser, à notre époque, à l'égard d'hommes plus ou moins intelligents et instruits, habitués en tout cas à faire un libre usage de leur raisonnement.

L'éducation mécanique se montrera encore insuffisante toutes les fois que les individus qui y auront été soumis seront appelés non plus seulement à exécuter des actes en quelque sorte machinaux, mais à faire œuvre d'initiative.

Enfin, non seulement aux chefs d'un grade relativement élevé, mais parfois même aux simples soldats, le devoir militaire peut se présenter, à un moment donné, sous deux formes contradictoires; il est nécessaire, pour permettre à l'intéressé de prendre sa décision en toute connaissance de cause, que le conscient soit chez lui bien pénétré des principes qui doivent présider à l'accomplissement de ce devoir (1).

______

(1) « Il n'existe pas de système qui puisse empêcher des cas, des obligations diverses, d'entrer en conflit... Pratiquement, ces difficultés sont vaincues avec plus ou moins de succès, suivant l'intelligence et la vertu des individus. Mais on peut affirmer que celui qui aura des principes à consulter n'en sera que plus capable de résoudre ces difficultés. L'application du principe pourra être difficile, un principe vaudra pourtant mieux que rien du tout. » (Stuart Mill, *L'Utilitarisme*.)

VII

On peut concevoir, au contraire, une éducation qui s'efforcerait d'atteindre son but en agissant uniquement sur le conscient. Elle s'appliquerait, par exemple, à des hommes dont l'intelligence et l'instruction seraient très développées et qu'on voudrait former à l'accomplissement raisonné d'actes conformes à certaines doctrines.

Une pareille éducation ne développerait pas de réflexes, ne créerait pas d'habitudes; elle donnerait des notions, inculquerait des principes.

Elle serait par excellence l'éducation raisonnée.

Il est facile de se rendre compte qu'une pareille éducation ne saurait constituer l'éducation militaire complète.

Dans une armée en campagne, la volonté des chefs doit déterminer chez leurs subordonnés, avec certitude et dans un temps rigoureusement fixé, l'accomplissement des actes dont elle prescrit l'exécution. L'obéissance, bien que consciente et volontaire, doit pratiquement être immédiate et non raisonnée; en d'autres termes, elle doit être l'effet des réflexes, agissant toutefois sous le contrôle et la surveillance de la raison (1).

---

(1) Cette ingérence de la raison dans la subordination répugnera peut-être à certaines personnes qui considèrent la passivité comme la condition essentielle de l'obéissance militaire. Mais cette condition, pour être en effet de première importance, n'en est pas moins seulement relative, aux termes même de nos règlements, qui ne prescrivent l'obéissance que « pour le bien du service et l'exécution des règlements militaires ». Il est bien clair que des réflexes qui ne doivent agir que dans des conditions déterminées ne sauraient se passer du contrôle de la raison.

L'absurdité de la passivité absolue est d'ailleurs évidente : voici une compagnie à laquelle on vient de distribuer des cartouches pour exécuter un tir à la cible; le capitaine, subitement frappé d'aliénation mentale, donne l'ordre aux deux pelotons d'ouvrir le feu l'un sur l'autre; les lieutenants sont-ils tenus d'obéir ?

D'ailleurs, l'éducation raisonnée ne peut avoir qu'une action très limitée sur certaines natures tout à fait primitives, qui n'offrent guère prise qu'à l'éducation mécanique.

L'éducation militaire, pour avoir son plein effet, doit donc être à la fois mécanique et raisonnée, s'adresser tantôt au conscient, tantôt à l'inconscient.

VIII

La citation de Michelet, que M. Marion a placée en épigraphe de sa remarquable étude sur *l'Education dans l'Université*, ne serait pas déplacée en tête d'un traité d'éducation militaire :

« J'ai trop vieilli dans l'histoire pour croire aux lois quand les hommes ne sont point élevés à aimer, à vouloir la loi..... Par l'éducation, fortifiez le principe des lois..... Faites des hommes et tout ira bien. »

« Le bien du service et l'exécution des règlements militaires », en vue desquels la formule consacrée institue l'autorité des officiers de notre armée, se confondent évidemment avec la soumission aux lois, et l'expression la plus exacte, en même temps que la plus sublime, du devoir militaire, se trouve dans l'épitaphe de Léonidas et de ses compagnons d'armes :

« Passant, va dire à Sparte que nous sommes tombés ici pour obéir à ses lois. »

Il y a, par suite, intime connexité entre l'éducation de l'école et celle de la caserne; l'une et l'autre doivent former « à aimer, à vouloir la loi ». La seconde n'est que l'adaptation au devoir militaire de la première.

A la caserne, la solidarité sociale, but suprême des efforts de tous les hommes de bonne volonté, devient la fraternité d'armes, si chère à Dragomiroff; l'obéissance volontaire à la loi, prêchée par Michelet, devient la subordination consciente au commandement, dont parle Carnot (1); les actes du bon soldat, comme ceux du bon citoyen, ont pour levier commun le dévouement à la patrie (2).

La première chose à faire, dans l'éducation du soldat, sera donc de développer, d'exalter ce dernier sentiment, principe essentiel du devoir militaire.

On montrera ensuite à l'homme que si, pour défendre la patrie, les efforts de chacun s'exerçaient isolément, ils demeureraient impuissants; de la nécessité de leur coordination, on déduira celle de la subordination aux chefs, de la soumission aux règlements, de la fraternité d'armes.

Ces notions ne seront pas seulement données dans des conférences faites à heure fixe, et intitulées un jour « La discipline », le lendemain « La camaraderie de combat », etc., etc.; elles risqueraient ainsi de rester incomprises, et, en tout cas, tout à fait superficielles. Elles devront, en réalité, pénétrer et vivifier l'enseignement des différentes parties du service, en faisant bien saisir à l'homme la raison d'être des ordres qu'il reçoit, des prescriptions qu'édictent les règlements, et comment leur exécution a pour fin suprême le service de la patrie. En outre, certains anniversaires, les batailles auxquelles le régiment a pris part, la guerre de 1870 et ses

---

(1) Voir page 101.

(2) « L'esprit militaire, à part quelques détails techniques, n'est autre chose que le respect des lois, des règlements, le dévouement au pays comme aux compatriotes; ...cet esprit-là est aussi l'esprit civique, l'esprit civil, l'esprit social; l'association d'un peuple ne pouvant subsister sans conventions, sans concessions réciproques, sans l'observance de certaines conditions d'obéissance et de solidarité. » (Général Lewal, *Le Danger des milices*.)

conséquences, etc., fourniront matière à d'utiles développements (1).

Les parties essentielles de cet enseignement, ainsi compris, doivent être l'œuvre personnelle des officiers, non seulement parce que leur importance et leur difficulté le rendent nécessaire, mais parce que rien n'est plus propre à cimenter l'union des cœurs entre les chefs et les soldats.

« Un double avantage ressortira de ces entretiens, dit Dragomiroff (2); le soldat commencera à appartenir à son officier, non pas seulement par les bras et par les jambes, mais encore par la tête et par le cœur; de son côté, l'officier s'appropriera cette manière de parler brève, énergique, claire, qui ne s'absorbe pas dans les détails, dont il a besoin pour donner ses ordres sur le champ de bataille et pendant les manœuvres. Messieurs les officiers, ne vous refusez pas à entrer avec le soldat dans ces explications sur votre besogne commune dans les combats. Les grandes actions et l'art de sortir des situations les plus difficiles ne sont possibles que pour celui qui connaît le soldat, et que de son côté le soldat aime et comprend. »

Il faut donc ne pas se borner « à passer des inspections, à faire faire un froid exercice, toutes choses fort utiles sans doute, mais qui ne forment pas le moral guerrier » (3).

---

(1) « L'enseignement de l'histoire militaire contemporaine, qui n'est pas donné dans les écoles primaires, offre une mine inépuisable de faits susceptibles de captiver l'attention des jeunes soldats qui savent si bien exprimer leur reconnaissance par la franchise des regards étonnés qu'ils dirigent sur leur instructeur, au récit des événements mémorables dont ils ignoraient l'existence. » (Général Kessler, *Tactique des trois armes.*)

(2) *Manuel pour la préparation des troupes au combat.*

(3) Bugeaud, *Principes physiques et moraux du Combat de l'infanterie.*

Pendant les longues périodes de paix surtout, comme celle que nous traversons, il est essentiel de parler fréquemment de la guerre au soldat, car « il faut que l'idée de tous et de tout soit le combat, et non de vivre tranquillement en faisant des exercices dont on ne connaît pas l'application »(1).

Il va de soi que cette partie de l'instruction doit être différemment appliquée suivant les individus; il serait absurde de traiter de la même manière, à ce point de vue, un paysan à l'intelligence endormie, dépourvu de l'instruction la plus élémentaire, et un futur agrégé de philosophie, par exemple. C'est au capitaine à connaître assez ses subordonnés pour se rendre compte de l'aptitude de chacun à prendre pleine conscience de ses devoirs, des résistances plus ou moins raisonnées qu'il opposera à l'action éducatrice, des moyens les plus propres à entraîner sa conviction.

IX

Dans une troupe ainsi formée, si le chef a soin de formuler ses prescriptions en temps utile, de bien faire comprendre ce qu'il veut, les infractions aux ordres donnés ou aux prescriptions des règlements seront rares. Il s'en produira cependant.

Dans quelle mesure et à quel moment les punitions vont-elles intervenir pour les réprimer ?

Considérant qu'il faut s'attaquer non pas aux manifestations du mal, mais aux causes qui le font naître, nous nous efforcerons tout d'abord de discerner ces dernières.

Il importe, à cet effet, que les fautes légères prove-

____

(1) Ardant du Picq. *Loc. cit.*

nant de la négligence, de l'inattention ou de la mollesse de soldats animés d'ailleurs du meilleur esprit, soient bien distinguées des manquements plus graves portant une réelle atteinte à la discipline, et prouvant que leurs auteurs ont agi sans discernement, ou ne sont pas suffisamment pénétrés du sentiment du devoir.

En ce qui concerne les fautes de la première catégorie, de simples observations suffiront généralement à en prévenir le retour trop fréquent; à l'égard des sujets chez lesquels ces observations ne produiraient pas un effet satisfaisant, quelques petites punitions, telles qu'une corvée supplémentaire, un ou deux jours de consigne, et surtout la privation de menues faveurs telles que la permission du dimanche, seront indiquées pour stimuler une attention trop paresseuse, une mollesse physique trop caractérisée.

La répression de ces peccadilles, ainsi comprise, rentre en réalité dans la partie mécanique de l'éducation militaire, dont nous étudierons plus loin le but et les procédés.

Quant aux fautes qui présenteront quelque gravité, on peut affirmer que la plupart tiendront à ce que leurs auteurs ne se seront pas suffisamment rendu compte des conséquences possibles de leur faute, au point de vue de l'intérêt général. Quoi qu'on fasse, l'éducation raisonnée, appliquée comme il est dit ci-dessus, conservera toujours un caractère un peu abstrait qui lui donnera peu de prise sur certaines natures légères ou grossières, quoique au demeurant bien intentionnées.

La répression va-t-elle intervenir pour châtier sévèrement les délinquants? Avant d'en arriver là, il y a mieux à faire, semble-t-il.

Il y a quelques années, un peloton était affecté à la garde d'une fosse au charbon dont les mineurs étaient en grève. Un matin, le sergent de jour vint rendre compte au chef de cette petite troupe que, pendant la nuit, une sentinelle avait quitté son poste, à deux reprises, pour aller se chauffer.

On était en novembre, dans le Nord de la France, et les nuits étaient froides.

Le coupable était un engagé volontaire, ayant quatre ou cinq mois de service. Son cas était bien clair; il était passible du conseil de guerre. En admettant même des circonstances atténuantes, beaucoup de chefs auraient cru manquer à leur devoir en ne lui infligeant pas une sévère punition

L'officier fit venir le soldat et, seul à seul, il lui parla, non pas sur le ton emporté et menaçant que certains auraient cru de mise dans la circonstance, mais posément, presque amicalement. Il lui parla de sa famille, de son pays natal, de la France; il lui fit comprendre la chose sacrée qu'est une sentinelle.

Quand l'officier eut fini de parler, — et il n'avait dit que quelques mots, — le soldat pleurait..... L'officier conclut : « On ne vous avait sans doute pas encore dit tout cela; maintenant, vous avez compris; je sens que je peux compter sur vous. Allez, mon ami. »

Et le fait est que ce soldat ne mérita pas le moindre reproche pendant tout le reste du temps qu'il passa sous les drapeaux.

Quand bien même l'homme aurait commis sa faute en toute connaissance de cause, la répression ne doit pas intervenir obligatoirement, surtout s'il s'agit d'un soldat qui s'est bien conduit jusque-là. L'application de la loi de sursis à la discipline militaire, qui est d'ailleurs en usage dans plusieurs corps d'armée, présente dans ce cas les plus grands avantages.

Un jeune soldat, dont le livret est encore vierge, commet une faute grave contre la discipline. Si le chef se décide pour la répression, celle-ci consiste en une punition de prison qui présente dans la circonstance un double inconvénient : le soldat qui subit une fois ce mode de répression le craint ensuite infiniment moins; d'autre part, pendant son séjour aux locaux disciplinaires, il ne manquera pas de faire connaissance avec quelques-unes des fortes têtes du régiment; sa punition terminée, il continuera peut-être à les fréquenter, et achèvera de se perdre dans leur société.

Quel dommage s'il s'agit d'une faute accidentelle, due à une défaillance passagère, à une circonstance fortuite qui ne se reproduira probablement plus pendant tout le temps que cet homme doit encore passer au régiment !

Au lieu de sévir immédiatement, le chef, représentant au coupable la gravité de la faute qu'il a commise, fera appel chez lui au sentiment du devoir; il ne craindra pas, à cet effet, le cas échéant, de revenir sur les principes fondamentaux de l'éducation morale.

De même, lorsqu'un homme arrive dans une compagnie, à la suite d'une cassation, d'un changement de corps par mesure disciplinaire, etc., il importe que son nouveau capitaine le fasse comparaître et lui fasse sentir qu'il ne tient qu'à lui, en se conduisant bien, de recommencer une autre existence militaire; en attendant de l'avoir vu à l'œuvre, le capitaine ne veut rien connaître de son passé; les officiers et gradés de la compagnie sont avertis d'avoir à en faire autant. Ce procédé réussira très souvent à ramener dans le droit chemin un sujet momentanément dévoyé.

Parfois, des hommes ainsi traités se montreront rebelles à la persuasion et succomberont de nouveau à bref délai; il arrivera alors fréquemment qu'ils s'amenderont à la suite d'une sévère admonestation de leur capitaine, leur faisant bien comprendre qu'ils se tromperaient en prenant pour de la faiblesse l'indulgence dont ils ont été l'objet, et que de nouvelles fautes les exposeraient à une répression d'autant plus sévère qu'elle aura été plus longtemps différée.

Nous n'emploierons ainsi la crainte, suivant l'expression de Fénelon, qu' « à regret, comme les remèdes les plus violents et les plus dangereux ».

Ce n'est donc qu'en désespoir de cause, et en présence de fautes répétées, conscientes, voulues, qu'interviendra une répression d'abord mesurée, puis impitoyable dans sa progression, qui fera plier le coupable, ou s'il s'y refuse absolument, l'éliminera d'une unité où il est une cause permanente de désordre et de scandale.

A l'égard de ces mauvais sujets avérés, une réprimande sévère et publique sera souvent indiquée, non pour amender un soldat qui ne peut pas l'être, mais pour prévenir les conséquences de certaines fautes, particulièrement dangereuses par le mauvais exemple qu'elles donnent.

Voici un cas qui se présente assez fréquemment.

Un soldat, envoyé dans une compagnie de discipline, s'y conduit bien; il est réintégré dans un régiment de France. C'est un de ces malheureux dépourvus de tout sens moral et accessibles seulement à la crainte. Aussi, dès qu'il ne se sent plus sous la menace d'une répression particulièrement énergique, il retombe dans ses anciennes fautes. Les jeunes soldats arrivent : pour leur montrer qu'il n'a pas peur, il se livre devant eux à un acte d'indiscipline bien caractérisé.

Le capitaine, qui connaît son homme, sait qu'il perdrait son temps à lui faire la morale; il lui inflige son maximum : huit jours de prison, qui sont augmentés par l'autorité supérieure jusqu'à trente, quarante, peut-être soixante jours.

Notre gaillard subit sa punition, sort de prison plus fier qu'il n'y est entré; revenu au milieu de ses camarades, il leur déclare que si on a cru le dresser, on s'est trompé; pour bien le prouver, il découche le soir même, en entraînant avec lui un ou deux jeunes soldats.

La répression de la première faute, consistant uniquement en une punition disciplinaire, n'a donc pas atteint son but.

Tout en infligeant cette punition, qui est de rigueur en pareil cas, le capitaine fera rassembler la compagnie, et là, devant tous ses camarades, avant de faire conduire le coupable en prison, il lui représentera combien sa conduite est vile et doit inspirer de mépris aux bons soldats; tant qu'il a été aux compagnies de discipline, il s'est tenu tranquille, uniquement par crainte des châtiments sévères qui n'auraient pas manqué de réprimer ses fautes; maintenant qu'on lui a fait l'honneur de le réintégrer dans une troupe qui ne comporte que de bons sujets, où il n'a plus *peur*, il montre de nouveau qu'il est indigne d'en faire partie; il est incapable de se mettre à l'unisson de ses camarades, dont seul le sentiment du devoir règle la conduite.

Ce procédé, en discréditant la « forte tête » aux yeux de ses camarades et particulièrement des jeunes soldats, sera plus efficace que n'importe quel châtiment pour l'empêcher de faire des prosélytes.

C'est par une éducation morale ainsi comprise et appliquée, qu'on arrivera à développer dans une unité un bon esprit général, à créer la conscience morale d'un régiment, d'une compagnie. Nous aurons des hommes disciplinés non seulement par sentiment du devoir individuel, mais par esprit de corps, en prenant cette expression dans son acception la plus élevée; des soldats qui éviteront de commettre telle ou telle faute, parce que, comme nous l'entendions dire un jour à un brave sous-officier, « çà ne se fait pas à la compagnie ».

Il s'établit ainsi une discipline non seulement consciente, volontaire, mais collective, en quelque sorte mutuelle, parce que ceux qui sont tentés de s'en écarter y sont ramenés par l'exemple, parfois même par la réprobation de leurs camarades (1).

La discipline ainsi obtenue, dès le temps de paix, par des moyens auxquels la répression reste aussi étrangère que possible, par une éducation qui donne à chaque soldat toute la valeur morale qu'il est susceptible d'acquérir, résistera mieux en campagne, car les sentiments qui lui servent de base s'exalteront encore en présence du danger.

Dans les compagnies où règne cette discipline, le cœur des soldats bat à l'unisson du cœur du capitaine; ce sont ces compagnies qui, le jour où le régiment déploiera son drapeau en face de l'ennemi, l'entraîneront à la victoire !

X

La partie mécanique de l'éducation militaire a un double but.

C'est d'abord, par la pratique journalière des prin-

---

(1) « Dans les régiments de ma division, et dans beaucoup d'autres régiments de l'armée, le lendemain d'une bataille on voyait dans le camp les escouades se former en cours de pairs, et traduire devant elles les soldats absents de la bataille ; on écoutait leur défense, et une décision souveraine et sans appel les renvoyait absous, ou les soumettait à une correction fraternelle que les juges infligeaient eux-mêmes à l'instant ; l'accusation ou le soupçon de lâcheté n'étaient pas seuls portés devant ce tribunal, mais encore toute habitude, tout penchant vicieux qui rendait un soldat dangereux ou incommode pour ses camarades, étaient jugés et punis de la même manière ; et comme ce mode de discipline, tout hors des lois qu'il était, procurait de grands avantages, les officiers et les sous-officiers ne laissaient apercevoir l'attention qu'ils y portaient que pour en réprimer les abus ; le général se faisait rendre compte et fermait les yeux. » (Morand, *L'Armée suivant la Charte*.)

cipes de la discipline, de les faire passer dans l'inconscient du soldat. Les réflexes ainsi développés chez ce dernier permettront d'en obtenir, au milieu des circonstances critiques du combat, des actes dont l'exécution ne pourrait plus être demandée à la réflexion (1).

C'est, d'autre part, par des moyens qui agissent également sur l'inconscient, de renforcer les sentiments qui constituent la base même de la discipline.

Les exercices à rangs serrés, exécutés correctement par des groupes un peu nombreux, les marques extérieures de respect, les honneurs rendus aux chefs d'un grade élevé, donnent à tous le sentiment palpable de la subordination; les grandes revues, les honneurs rendus au drapeau, développent le patriotisme.

Ce sont là des applications de cette « loi constante en psychologie, que lorsque deux éléments ont été fréquemment associés, l'un a tendance à éveiller l'autre.

» C'est en conséquence de cette loi que les plus profonds psychologues pratiques, qui se sont occupés de l'éducation du sentiment, Ignace de Loyola aussi bien que Pascal, recommandent les actes extérieurs de la foi comme éminemment propres à placer l'âme dans l'état affectif correspondant (2) ».

L'éducation mécanique, agissant ainsi par la force

---

(1) L'habitude est la seule chose qui donne de la certitude aux sentiments et à la conduite. (Stuart Mill, *loc. cit.*)

(2) Jules Payot, *loc. cit.*
La réduction, équivalant presque à une suppression, qui a été récemment apportée aux honneurs rendus aux chefs et surtout au drapeau nous paraît à ce point de vue infiniment regrettable. Cette mesure a été nécessitée par la disparition de notre règlement de manœuvres de certains mouvements du maniement d'armes dont l'exécution correcte paraissait longue à enseigner. On peut se demander si la durée de cette partie de l'instruction n'a pas été souvent exagérée, et s'il n'était pas possible de la réduire, par exemple en exerçant à part les maladroits. Que de fois nous avons vu une escouade entière retenue indéfiniment sur le mouvement de « Portez armes », par exemple, parce que

de l'habitude, demande un certain temps pour donner
des résultats appréciables; c'est une des raisons essentielles qui s'opposent à une trop grande réduction du
service militaire du temps de paix.

XI

Dans la famille, les différentes étapes de la vie de
l'enfant sont généralement marquées par des réunions
intimes qui donnent à celui qui en est le héros le sentiment du changement qui s'est accompli en lui. Il
semble qu'il n'y aurait que des avantages à ce qu'il en
fût de même à la caserne.

Le jour de l'incorporation des jeunes soldats, ainsi
que l'usage tend à s'en établir dans beaucoup de régiments, une fête de bienvenue est tout indiquée pour
montrer aux nouveaux arrivés, qu'à la caserne ils sont
chez eux, ils retrouvent une nouvelle famille.

Quand le moment sera venu d'armer les jeunes soldats, le capitaine leur remettra de sa main les armes
que la patrie leur confie pour sa défense; une allocu-
tion de cet officier, une matinée ou soirée où l'élément
patriotique aura la plus grande part, un repas d'un
menu un peu plus soigné qu'à l'habitude, constitueront
une petite solennité qui contribuera à faire sentir à
l'homme de recrue la nouvelle responsabilité qui lui
incombe.

Il en serait de même le jour de la présentation du
drapeau, lorsque les jeunes soldats seraient déclarés mo-
bilisables, etc.

---

le n° 3 ou le n° 6 n'arrivait pas à placer convenablement son
arme.

Quoi qu'il en soit, nous craignons fort qu'on se voit privé d'un
grand avantage pour éviter un petit inconvénient.

Ces fêtes intimes n'auraient pas seulement l'avantage de rompre et d'égayer la monotonie de la vie de caserne; elles apporteraient une très utile contribution à l'éducation morale du soldat.

LA COHÉSION

I

Nous avons donc des soldats patriotes, disciplinés, instruits.

Réunissons-en un certain nombre et donnons-leur des chefs; avons-nous une troupe?

Pas encore.

Ecoutons Ardant du Picq (1) :

« Il est nécessaire..... qu'une organisation sagement ordonnée, et c'est par là qu'il faut commencer, place d'une manière permanente les mêmes chefs et les mêmes soldats dans les mêmes groupes de combattants, de telle sorte que les chefs et les compagnons de la paix ou des camps soient les chefs et les compagnons de la guerre, afin que de l'habitude de vivre ensemble, d'obéir aux mêmes chefs, de commander aux mêmes hommes, de partager fatigues et délassements, de concourir entre gens qui s'entendent vite à l'exécution des mouvements et des évolutions guerrières, naissent la confraternité, l'union, le sens du métier, le sentiment palpable, en un mot, et l'intelligence de la solidarité : devoir de s'y soumettre, droit de l'imposer, impossibilité de s'y soustraire.

» Et voici paraître la confiance.

» Non point cette confiance enthousiaste et irréfléchie des armées tumultuaires ou improvisées qui va

____

(1) *Loc. cit.*

jusqu'au danger et s'évanouit rapidement pour faire place au sentiment contraire, lequel voit partout trahison; mais cette confiance intime, ferme, consciente, qui ne s'oublie pas au moment de l'action et seule fait de vrais combattants.

» Nous avons maintenant une armée; et il ne nous est plus difficile d'expliquer comment des gens animés de passions entraînantes, même des gens qui savent mourir sans broncher, sans pâlir, des gens réellement forts devant la mort, mais sans discipline, sans organisation solide, sont vaincus par d'autres individuellement moins vaillants, mais solidement, *solidairement* constitués.

» On aime à se représenter une foule armée, renversant tous les obstacles, enlevée par un souffle de passion.

» Il y a plus de pittoresque que de vrai dans cette imagination. Si le combat était œuvre individuelle, les hommes passionnés, courageux, qui composent cette foule, auraient plus de chances de victoire; mais dans une troupe, quelle qu'elle soit, une fois en face de l'ennemi, chacun comprend que la tâche n'est pas l'œuvre d'un seul, est œuvre collective et simultanée, et, au milieu de *compagnons de hasard rassemblés de la veille sous des chefs inconnus,* il sent d'instinct le manque d'union et se demande s'il peut compter sur eux. Pensée de méfiance qui mènera loin à la première hésitation, au premier danger sérieux qui un moment arrêtera l'élan passionné. »

C'est ainsi que « quatre braves, qui ne se connaissent pas, n'iront pas franchement à l'attaque d'un lion. Quatre moins braves, mais se connaissant bien, sûrs de leur solidarité et par suite de leur appui mutuel, iront résolument ».

Marmont dit de son côté (1) :

« Il faut, pour donner aux troupes toute leur valeur, que la confiance existe entre tous ceux qui composent une armée. Le soldat doit croire à la valeur de son camarade. Il sera convaincu que son officier, également brave, lui est supérieur en expérience et en instruction; il supposera chez son général la même bravoure, et de plus la science et le talent : alors l'armée forme un faisceau que rien ne peut rompre. Voilà la première condition de la force des armées, le premier élément du succès.

» Mais cette base fondamentale, que nous appelons la confiance, n'est possible que dans des troupes éprouvées et anciennes, et non dans des troupes nouvelles qui ne se connaissent pas. De là, l'absurdité d'une garde nationale, destinée à remplacer les troupes de ligne. Les gardes nationales, en les supposant composées de tout ce qu'il y a de plus brave sur la terre, ne vaudront jamais rien à leur début; car la valeur et la capacité de chacun ne pouvant être appréciées par les autres qu'après l'expérience, les premières tentatives seront faites sans le concours de la confiance et amèneront probablement de grands et irréparables malheurs. »

« A Waterloo, dit Bugeaud, il y avait des soldats rappelés qui avaient fait les campagnes de 1813 et de 1814, avantages que n'ont pas nos congés illimités; on en forma quelques bataillons de la jeune garde qui se battirent médiocrement :

« Il n'y avait pas assez longtemps, dit Napoléon, qu'ils mangeaient la soupe ensemble (2). »

Ainsi des soldats instruits, même aguerris par des campagnes antérieures, mais réunis depuis peu de

____

(1) *Loc. cit.*
(2) Bugeaud, *De l'Organisation unitaire de l'Armée.*

temps, forment une troupe qui ne présente pas toute la cohésion désirable.

Seule, une assez longue existence en commun peut donner des soldats « confiants dans leurs chefs et dans leurs voisins de droite et de gauche, parce qu'on se connaît, qu'on s'estime et qu'on s'aime », et procurer « ce tact des coudes et des cœurs qui fait les armées propres à gagner des batailles dès le début des campagnes (1) ».

II

Si l'on considère les différentes armes, on constate que, dans la cavalerie, l'artillerie et le génie, la cohésion s'établit plus facilement que dans l'infanterie, car elle est favorisée par des causes inhérentes à l'organisation et à l'instruction particulières de ces armes ; d'autre part, on peut admettre qu'en campagne, à danger égal, c'est le fantassin qui a besoin du moral le mieux trempé.

Dans le combat, le cavalier est porté au-devant du danger; le fantassin y marche.

Le cavalier, surexcité lui-même par l'enivrement de la vitesse, est maintenu dans le rang par l'instinct de son cheval, qui le porte à ne pas quitter ses compagnons d'écurie.

Le fantassin a à lutter contre la fatigue physique ; chacun des pas qu'il fait péniblement dans la zone de mort augmente le danger.

Une section d'infanterie se couche sous une rafale d'artillerie; celle-ci passée, on repart; trois hommes, qui n'ont pas été touchés par les projectiles, restent étendus

---

(1) *Loc. cit.*

par terre. Qui ira vérifier, dans un pareil moment, s'ils sont réellement tués ou blessés?

Dans les armes spéciales, le canonnier est maintenu par le sentiment de la tâche personnelle à accomplir, sous l'œil des chefs; il en est de même, dans la plupart des cas, du sapeur du génie. De plus, dans ces armes, la cohésion de la troupe est grandement facilitée par la constatation des résultats techniques obtenus en commun.

Le canonnier qui a assisté à un réglage de tir correctement exécuté, suivi d'un tir d'efficacité dont on lui a fait constater les résultats, acquiert du même coup une grande confiance dans le chef qui a dirigé l'exercice, dans les camarades qui y ont participé, dans un matériel qui produit de si puissants effets. Le sapeur éprouve une impression analogue, lors de l'exécution des différents travaux techniques de son arme.

Pour ce dernier, toutefois, il faut observer qu'il lui incombera parfois des tâches extrêmement périlleuses, qu'il devra exécuter isolément ou à peu près et qui, par suite, exigeront un moral des plus solides; ce sera le cas, par exemple, lorsqu'il sera chargé d'aller ouvrir le passage à l'infanterie, en pétardant un mur que l'artillerie n'a pu découvrir de loin, ou des défenses accessoires contre lesquelles elle est impuissante. Mais alors le sapeur dont les chefs auront su tremper l'âme trouvera un puissant stimulant dans l'importance même de la tâche qui lui sera confiée.

De même le cavalier, quand il fera partie d'une reconnaissance ou d'une patrouille, aura parfois besoin d'une vigueur morale supérieure à celle qu'exigera de lui le combat proprement dit.

Quoi qu'il en soit, l'ordre de plus en plus dilué que l'infanterie est obligée de prendre pour progresser sous le feu, la longueur et la difficulté de la tâche qui incombe à ses soldats, la facilité relative qu'ils trouvent à s'y soustraire, font que l'éducation morale paraît avoir, dans cette arme, une importance plus grande encore que dans n'importe quelle autre. Ce fait, joint à l'établissement plus laborieux de la cohésion, paraît compenser largement les facilités qui résultent d'une instruction technique moins compliquée; le temps de service ne doit donc pas être plus court dans l'infanterie que dans les autres armes, si l'on veut qu'elle présente toute la solidité désirable.

Voici d'ailleurs ce qu'en disait le maréchal Bugeaud, qui attachait tant d'importance à l'élément moral (1) :

« On n'improvise pas de bonnes armées. Il faut du temps aussi bien pour l'infanterie que pour la cavalerie......

» L'instruction mécanique de la première est plus courte, j'en conviens; mais on n'a de l'infanterie propre à gagner des batailles, à résister à de grandes charges de cavalerie, que lorsque son moral est bien formé. Or, sous ce rapport, on pourrait dire que son éducation, qu'il faut bien distinguer de l'instruction, est peut-être plus longue que celle de la cavalerie, parce que son moral est soumis à des épreuves plus multipliées et en général plus rudes. Conçoit-on tout ce qu'il faut de discipline, de caractère, d'amour du drapeau pour rester plusieurs heures sous le boulet, l'obus, la mitraille, suivis de la fusillade et ensuite de charges de cavalerie? On n'obtient la solidité, l'imperturbabilité nécessaires à ces terribles scènes que par une existence assez longue sous le drapeau pour recevoir une excellente éducation guerrière...

» *On a plus tôt fait de l'infanterie médiocre que de la*

---

(1) *De l'établissement des troupes à cheval dans de grandes fermes.*

*cavalerie médiocre, mais la perfection des deux armes
demande, selon moi, autant de temps pour l'une que
pour l'autre.* »

Les causes qui rendent si difficile la tâche de l'infanterie se sont un peu modifiées depuis le temps où le maréchal écrivait ces lignes, mais l'idée qu'elles expriment n'a pas cessé d'être vraie.

III

En résumé, les qualités individuelles des combattants ne peuvent avoir leur plein rendement que si ceux-ci forment une troupe présentant toute la cohésion nécessaire. Cette qualité, qui repose essentiellement sur la confiance de chacun dans ses chefs, dans ses camarades, dans ses inférieurs, ne se développe que sous l'action du temps.

Les considérations qui précèdent ont une importance capitale au point de vue de l'organisation militaire ; elles montrent notamment que l'armée permanente ne doit pas être considérée uniquement comme une école d'instruction, où les citoyens viennent apprendre le métier de soldat ; c'est, surtout et avant tout, la force organisée prête à entrer sans retard en campagne, renforcée seulement par un nombre de réservistes assez limité pour ne diminuer en rien sa cohésion.

L'ACTION PERSONNELLE DU CHEF

I

L'action personnelle du chef a, en temps de paix comme en temps de guerre, la plus grande influence sur la valeur morale de la troupe qu'il commande.

La confiance que celle-ci place dans l'homme qui est à sa tête constitue l'élément essentiel de sa cohésion ; elle est, avec le sentiment du devoir, le meilleur fondement de la discipline.

« Parmi les Français, dit Carnot (1), l'obéissance n'est point aveugle, et n'en est que plus héroïque : l'intelligence, dont elle n'est jamais séparée, lui sert à mieux exécuter les ordres qui lui sont donnés ; mais elle veut être établie sur la confiance, et l'abnégation qu'elle fait de ses propres lumières est un hommage de plus qu'elle rend au chef qui la dirige. »

Marmont développe la même idée lorsqu'il dit (1) :

« ...Le complément de l'organisation, de la discipline, de l'instruction, est dans la confiance, élément essentiel dont l'absence prive une armée de la plus grande partie de sa valeur. Cette confiance doit s'étendre à tous et à chacun : confiance des soldats entre eux, dans leurs rapports réciproques ; confiance de chaque soldat et officier dans les chefs supérieurs, et surtout dans le chef suprême.

---

(1) *Loc. cit.*

» Cet élément si précieux, qui agit si puissamment sur les résultats, produit d'autant plus d'effet, que les soldats ont plus d'intelligence; car la confiance, fondée sur la connaissance des hommes et des choses, n'est pas un sentiment irréfléchi, une foi aveugle.

» Des soldats sans intelligence ont peu de mobilité et varient moins que d'autres plus vifs et plus raisonneurs. Pour ceux-là, le commandement est plus facile, et il y a moins d'inconvénients à leur donner des chefs d'une capacité peu étendue; les autres, au contraire, auront plus ou moins de valeur, selon que le général sera plus ou moins digne d'être à leur tête.

» En parlant de ces deux espèces de soldats, j'ai surtout en vue les Allemands et les Français. Les Allemands ont eu souvent des succès avec des chefs très médiocres; les Français valent dix fois leur nombre avec un chef qu'ils estiment et qu'ils aiment.

» Ils seront au-dessous de toute comparaison, avec un général qui ne leur inspire ni estime ni confiance. Ils l'ont prouvé à Hochstett, en 1704; devant Turin, en 1706, et en 1813, à Vittoria. La raison en est simple. On ne va pas à la guerre pour se faire tuer! On y va toujours pour vaincre l'ennemi; et si l'on court la chance de mourir, c'est à la condition que le sacrifice hypothétique de la vie, auquel on se soumet, sera utile. Vient le moment où une masse intelligente n'a devant elle aucune probabilité de victoire, aucune chance de combat glorieux; dès lors, elle hésite à compromettre sa vie, et elle cherche à la conserver pour un temps où elle pourra accomplir le sacrifice plus utilement. »

« Officiers, dit le général Dragomiroff (1), vous devez, avant et par-dessus tout, savoir tenir vos gens dans la main...; les tenir de façon que vos hommes ne connais-

---

(1) Loc. cit.

sent pas d'autre voix que votre voix, d'autre volonté que votre volonté ; que, dans toutes les circonstances difficiles, leurs yeux et leurs pensées se tournent instinctivement vers vous, pour que vous décidiez : quoi faire ? Et alors, vous ne formerez plus avec eux qu'un seul corps et qu'une seule âme.

» Pour cela, il faut que vos soldats aient foi en vous, comme en un guide sûr, comme en leur chef véritable, et alors aussi ils vous aimeront : et rien ne sera impossible à notre soldat.

» Vous y arriverez par la supériorité morale et intellectuelle sur les gens dont la vie vous est confiée sur le champ de bataille. Si, dans toutes les situations, ils voient en vous un mentor qui connaît l'affaire mieux qu'eux et plus qu'eux ; s'ils voient en vous un homme prêt à faire le premier ce qu'il exigera d'eux, ils vous suivront, sans condition et sans arrière-pensée, partout où vous les conduirez, et ils se feront plutôt tuer tous que de renoncer à l'affaire au nom de laquelle vous les aurez entraînés. »

La confiance de la troupe dans le chef naîtra spontanément, si ce dernier donne l'exemple de la force morale, de la bravoure et du sang-froid ; s'il possède bien la valeur professionnelle inhérente à son grade ; s'il n'est visiblement guidé, en toute circonstance, que par le sentiment du devoir et de l'équité ; si ses soldats constatent chez lui le souci constant de leur instruction, du développement de leur valeur morale, de la satisfaction de leurs besoins matériels.

Et si, par surcroît, le chef aime ses soldats, s'il leur porte, surtout, cette affection passionnée dont les officiers de la Révolution et de l'Empire nous offrent tant d'exemples (1), il peut être sûr que ,se donnant entièrement, ses

____

(1) Dans la rue de Genappe, le colonel Sourd, du 2° lanciers,

hommes lui obéiront jusqu'à l'extrême limite de leurs forces physiques.

II

La valeur morale du chef, sa bravoure personnelle ont la plus grande importance, car son exemple agit sur toute la masse des combattants qu'il est appelé à diriger.

« J'aimerais mieux, disait le général athénien Chabrias, une armée de cerfs commandée par un lion, qu'une armée de lions commandée par un cerf (1). »

« Le soldat suit presque toujours l'exemple de ses chefs; c'est dans leur contenance qu'il voit ce qu'on est en droit d'attendre lui; et rarement voit-on des actes de faiblesse sous un commandement intrépide (1). »

Quand un chef est soutenu par un moral énergique, les autres qualités qui lui feraient défaut peuvent parfois être suppléées, dans une certaine mesure, par les talents de ses subordonnés.

Nous en trouvons un exemple remarquable dans la relation du siège de Maëstricht, en 1676, par le prince d'Orange. La place, investie le 7 juillet, fut vigoureusement attaquée, mais admirablement défendue par M. de Calvo. A la fin d'août, bien qu'il eût fait brèche au corps de place, le prince d'Orange, menacé par une ar-

---

entouré par plusieurs Life-guards, avait eu le bras droit haché de six coups de sabre. Larrey l'amputa sur le champ. Pendant l'opération, Sourd dicta cette lettre pour l'Empereur, qui venait de le nommer général :

«... La plus grande faveur que vous puissiez me faire est de me laisser colonel de mon régiment de lanciers, que j'espère reconduire à la victoire. Je refuse le grade de général. Que le grand Napoléon me pardonne! Le grade de colonel est tout pour moi. »

Puis, à peine l'appareil posé sur son moignon sanglant, il remonta à cheval et galopa le long de la colonne pour rejoindre son cher régiment. (H. Houssaye, *1815*.)

(1) Carnot, *loc. cit.*

mée de secours, dut lever le siège. « Et, cependant, dit M. de Quincy, M. de Calvo, qui avait toute sa vie servi dans la cavalerie, et n'était pas, par conséquent, fort entendu dans la défense des places, en fit l'aveu aux officiers qui étaient sous ses ordres, et leur ordonna de prendre les mesures qu'ils trouveraient les plus convenables pour faire une belle défense ; qu'il déférerait volontiers à tous les avis et aux propositions qu'ils lui feraient pour le bien du service, et qu'il en ordonnerait l'exécution, hors celle de se rendre, à quoi il ne consentirait jamais et qu'il périrait plutôt sur la brèche (1). »

Rien ne saurait mieux démontrer la vérité du principe énoncé par Carnot, que « tout militaire chargé de la défense d'une place doit être dans la résolution de périr plutôt que de la rendre ».

Lorsqu'on considère ainsi la force morale d'un chef dans l'exercice de son commandement, cette qualité prend plus particulièrement le nom de caractère ; celui-ci n'est, en effet, qu'une sorte d'adaptation de la force morale, la forme qu'elle prend lorsque, devenant plus active, elle a pour effet de donner à l'homme l'énergie nécessaire non seulement pour faire œuvre individuelle dans le sens qui lui est prescrit, mais aussi pour prendre. dans des circonstances parfois critiques, des décisions engageant sa responsabilité personnelle, et réglant l'emploi de moyens d'action plus ou moins considérables ; pour agir sans défaillance, suivant des principes déterminés, malgré les obstacles, les dangers, les sollicitations de toutes sortes qui tendent à le détourner de leur application (2).

---

(1) Carnot, *loc. cit.*

(2) Etre un caractère, c'est vouloir fortement, toujours d'après les mêmes principes, *idem velle, idem nolle*, « et non, comme dit Kant, sauter çà et là comme les mouches ». (Henri Marion, *loc. cit.*)

Nous avons vu que le caractère doit être plus fermement trempé que jamais chez les chefs des grades les moins élevés, parce que la direction immédiate du combat, en raison de la dispersion des troupes, échappera de plus en plus à l'autorité supérieure.

Le meilleur moyen de développer chez nos subordonnés cette précieuse qualité, c'est d'appliquer la fameuse règle, plus souvent énoncée que mise en pratique : jamais le supérieur ne doit se substituer à l'inférieur dans l'exercice de son commandement.

A cet égard, le mal ne date pas d'hier :

« Il est à remarquer qu'aujourd'hui, dit Ardant du Picq (2), par une tendance dont il faudrait rechercher la cause, mais qui remonte loin et qui est, en outre, aidée par la « manie du commandement » inhérente au caractère français, il y a un empiètement général de haut en bas, de l'autorité du chef supérieur sur le chef inférieur ; on amoindrit ainsi l'autorité de celui-ci dans l'esprit du soldat ; et c'est chose grave, car *l'autorité solide, le prestige des chefs inférieurs, font seuls la discipline.*

» A force de peser sur eux, de vouloir en toute chose imposer son appréciation personnelle, de ne pas admettre les erreurs de bonne foi, de les réprimer et reprendre comme des fautes, et de faire sentir à tous, jusqu'au soldat, qu'il n'y a absolument qu'une autorité infaillible, celle du colonel, par exemple ; de montrer à tout venant que le colonel seul a du jugement et de l'intelligence, on enlève à tous toute initiative, on jette tous les grades inférieurs dans l'inertie, provenant de la méfiance de soi-même, de la peur d'être vertement repris.

» Que cette main unique, si ferme, qui tient toutes choses, vienne à manquer un instant, tous les chefs inférieurs, qu'elle a tenus d'aplomb jusque-là dans une posi-

____

(2) *Loc. cit.*

tion qui ne leur est pas naturelle, font comme les chevaux toujours et trop fort tenus en bride : quand la bride vient à manquer, ils se relâchent.

» Ils n'y sont plus, ils ne retrouvent pas à l'instant cette confiance en eux-mêmes qu'on s'est trop longtemps pour ainsi dire appliqué à leur enlever (sans le vouloir). Que, dans un pareil moment, les circonstances deviennent difficiles, et le soldat bien vite sent la faiblesse et les hésitations de ceux qui le mènent. »

Il est intéressant de rapprocher de la citation qui précède la page si caractéristique que nous reproduisons ci-après, et qui montre combien le commandement, même lorsqu'il est exercé au milieu des circonstances les plus critiques d'une campagne désastreuse, peut gagner à obtenir de ses subordonnés « un concours libre, intelligent et actif », au lieu de leur imposer une obéissance purement passive et plus ou moins aveugle.

Dans sa dédicace à Gambetta de la relation du siège de Belfort, le colonel Denfert-Rochereau s'exprime comme il suit :

« Trois causes ont surtout contribué à la longueur de notre résistance...... La troisième cause, en quelque sorte d'ordre moral, demande quelques explications...

» Promu au commandement supérieur de la place de Belfort, j'ai admis à venir discuter avec moi non seulement les officiers auxquels je voulais confier le commandement des positions ou des opérations militaires, mais encore tous ceux qui croyaient pouvoir donner un avis utile à la défense.

» Les lumières que m'ont fournies sur des points très divers bon nombre d'officiers de la garnison, ont beaucoup assuré et facilité ma tâche. Ces mêmes militaires ont ensuite apporté dans l'exécution des ordres d'autant plus d'énergie et de résolution qu'ils avaient pris une certaine part au conseil et qu'ils étaient plus pénétrés du but à atteindre.

» Non seulement j'ai pu profiter ainsi des études et des réflexions des officiers les plus intelligents, mais encore apprécier la valeur de chacun d'eux, et, sans violer la hiérarchie, je me suis attaché à assigner aux plus capables, quel que fût leur grade, les postes les plus importants, et j'ai débarrassé leur action de toute entrave en les gardant sous mon contrôle direct et immédiat.

» Cette règle de conduite m'a permis, Monsieur, d'obtenir de ces militaires non plus seulement un concours apparent et plus ou moins inconscient résultant de l'obéissance passive, mais, ce qui est bien supérieur, un concours libre, intelligent et actif à l'exécution d'ordres précis, qu'ils savaient avoir été précédés d'une étude consciencieuse.

» Grâce à cette même règle de conduite, imitée du reste par plusieurs militaires sous mes ordres, plusieurs officiers ont pu acquérir dans leur rayon d'action une grande autorité morale profitable à la défense, et quelques-uns étaient universellement connus et de la population et de la garnison... »

III

La valeur professionnelle du chef a également une très grande importance, car elle constitue l'élément essentiel de la confiance qu'il inspire à ses troupes.

Le soldat français est observateur, intelligent, et il sent, pour ainsi dire d'instinct, chez les hommes qui le commandent, fussent-ils investis des grades les plus élevés, des lacunes qu'on croirait à première vue devoir lui échapper.

Nous pourrions citer bien des incidents de grandes

manœuvres tout à fait caractéristiques à cet égard, et qui montrent la facilité avec laquelle nos soldats, même les moins bien doués sous le rapport de l'intelligence, s'aperçoivent des hésitations et des fautes de leurs chefs.

IV

Une des conditions essentielles pour qu'une troupe soit bien disciplinée, c'est que le chef donne le premier l'exemple de l'obéissance aux chefs et de l'exécution des règlements.

S'il veut imposer à ses inférieurs des principes auxquels il ne s'astreint pas lui-même, il n'a pas le droit de parler au nom de la discipline, qui est avant tout la pratique du devoir commun; la subordination, dans l'unité qu'il commande, ne repose plus que sur l'arbitraire; une discipline qui n'a pas d'autre fondement est bien fragile; pour mieux dire, elle n'existe pas.

Il faut, en outre, que les soldats sentent que l'officier est juste; c'est d'autant plus indispensable qu'ils sont plus éclairés et plus jaloux de leurs droits.

A ce point de vue encore, le chef ne doit pas craindre de parler à ses soldats et de leur laisser voir à propos les motifs qui lui dictent sa décision; en agissant autrement, il risquera parfois de faire suspecter son équité.

Voici deux hommes qui demandent simultanément à leur capitaine un congé de moisson; l'un ne fait qu'un an de service, l'autre en a trois à accomplir.

Le capitaine, estimant néanmoins que la situation du premier est de beaucoup la plus digne d'intérêt, et décidé par suite à lui donner la préférence, fait appeler le second et lui tient ce langage :

« Vous savez que, d'après les ordres supérieurs, je n'ai plus qu'un congé de moisson à accorder. Si c'est à

vous que je le donne, je serai forcé de le refuser à N...,
qui, il est vrai, n'a qu'un an de service à faire, mais
dont la famille est nécessiteuse, tandis que la vôtre est
dans l'aisance.

» La mère de N..., qui est fils unique, est restée veuve
à la tête d'une petite ferme dont l'exploitation lui permet bien juste de gagner sa vie. Si son fils ne peut pas
lui faire sa récolte, et qu'elle doive employer à cet effet
un ouvrier, elle y perdra le plus clair de son bénéfice.

» Chez vous, au contraire, d'après les renseignements
que vous m'avez donnés vous-même en arrivant au régiment, votre père travaille encore dans les champs,
aidé par vos frères qui lui font l'office de deux bons
ouvriers.

» Le demandez-vous encore, votre congé de moisson ?

» — Non, mon capitaine. »

Si, au contraire, l'officier se borne à notifier purement et simplement aux intéressés la décision d'ailleurs
très équitable qu'il a prise, le soldat qui fait le temps
de service le plus long, et qui ne connaît que cet élément de comparaison des deux situations en présence,
ne manquera pas d'attribuer le refus qui lui est opposé
à une injustice de son capitaine, et parfois même, le
dépit aidant, soupçonnera ce dernier d'avoir agi sous
l'action d'influences plus ou moins avouables.

L'emploi du premier procédé, en mettant en évidence
l'équité du chef, lui vaut la confiance et l'estime de ses
subordonnés, en même temps qu'il donne à ceux-ci une
excellente leçon de solidarité sociale.

V

La satisfaction des besoins physiques du soldat est
une des conditions essentielles de la conservation des

effectifs, mais elle n'a pas que cette conséquence d'ordre matériel.

Le physique réagit toujours sur le moral, et, quelle que soit la solidité de ce dernier, la gaieté et l'entrain d'une troupe se ressentent inévitablement des privations qui lui sont imposées.

Si le soldat constate en outre que ces privations proviennent de la négligence de ses chefs, ce n'est plus seulement une dépression morale qui en résulte, mais l'indiscipline. Il n'y a pas de manquement plus grave au devoir professionnel, pour un officier, que le défaut de sollicitude à cet égard.

Les soins qui s'adressent non plus au physique, mais au moral n'ont pas moins d'importance.

Nous avons vu que l'éducation morale de la troupe par son chef donne à ce dernier un ascendant considérable sur ses soldats.

D'autre part, dans l'exercice de son commandement, l'officier trouve journellement des occasions de témoigner à ses subordonnés l'intérêt qu'il prend à leur bien-être moral.

C'est l'entretien du capitaine, seul à seul, avec le jeune soldat qui vient d'être incorporé, où l'officier met en confiance le nouveau venu, l'encourage, s'enquiert discrètement de sa position sociale, de la situation de sa famille, de ses projets d'avenir; plus tard, c'est une visite à l'infirmerie ou à l'hôpital, un départ rapide facilité à un permissionnaire qui se rend auprès d'un parent malade; ce sont ces mille marques d'attention et de sympathie qui coûtent si peu au supérieur qui les donne et qui lui valent en retour la vive reconnaissance de ses subordonnés.

Enfin, en ce moment même, s'accentue et se généralise un mouvement qui paraît de nature à produire les plus précieux résultats : nous voulons parler des conférences qui s'organisent un peu partout, dans les régiments, et où sont traités, en dehors du service bien entendu, les sujets les plus divers.

Beaucoup de ces sujets ne peuvent trouver place dans l'enseignement de l'école primaire, parce qu'ils ne sont pas à la portée des enfants qui la fréquentent; il en résulte de graves lacunes dans l'instruction et surtout dans l'éducation du peuple. Sans doute, les œuvres postscolaires ont pour objet d'y remédier, et l'on est en droit d'espérer que, lorsqu'elles auront pris tout leur développement, elles les atténueront dans une large mesure, mais il paraît bien difficile qu'elles arrivent jamais à les faire disparaître complètement : trop de raisons viennent s'opposer à ce qu'elles soient suivies avec l'assiduité désirable, précisément par les jeunes gens qui en tireraient le plus de profit. Dans certaines campagnes où les habitations sont très disséminées, on se heurte à des difficultés presque insurmontables.

A la caserne, au contraire, les soldats ont toute facilité pour se réunir dans les heures de liberté dont ils disposent presque chaque jour, entre la soupe et l'appel du soir, et, de fait, l'expérience a montré que, très souvent, les hommes de garde étaient les seuls à manquer aux conférences, facultatives cependant, instituées par des officiers et même des sous-officiers de bonne volonté.

Ces conférences constituent donc un moyen très efficace de compléter l'instruction des adultes, en leur donnant des notions sur l'hygiène, la mutualité, etc., qui seront de la plus grande utilité aux soldats rentrés dans leurs foyers; de parfaire l'éducation des citoyens, en leur montrant, pendant le temps qu'ils passent sous les drapeaux, comment la plupart des principes, qui leur sont inculqués en vue de l'accomplissement de leur devoir militaire, ne s'appliquent pas seulement à ce dernier, mais à tout le devoir civique; en un mot, de discipliner notre démocratie.

En outre, l'homme acceptera plus facilement le service militaire, lorsqu'il verra qu'il en tire un véritable profit personnel; comme il en sera redevable à ses officiers, le gré qu'il leur en saura ne peut que resserrer les liens moraux qui doivent unir le supérieur à l'inférieur et contribuer puissamment à l'établissement et au maintien de la discipline et de la cohésion.

VI

Cette sollicitude du chef pour les besoins physiques et moraux du soldat ne demande de sa part aucun effort, s'il a une réelle affection pour ses subordonnés.

L'officier qui a le cœur bien placé aime tous ses soldats; mais, s'il est vraiment conscient de la solidarité humaine, il se sent d'autant plus porté vers ses semblables qu'il peut leur être plus utile, matériellement ou moralement, c'est-à-dire qu'ils sont dans une situation sociale moins élevée; il est entraîné par une irrésistible sympathie vers ces jeunes ouvriers de la ville et des champs dont il a charge de faire de bons soldats. Qu'il se laisse aller sans crainte à ce généreux mouvement de son cœur; il peut être certain d'être largement payé de retour.

Il ne doit pas, à ce point de vue, se laisser rebuter par des dehors parfois un peu grossiers; que de natures, en apparence déshéritées sous tous les rapports, recèlent des trésors de dévouement et d'affection, qui n'attendent, pour se révéler, qu'une marque de sympathie donnée à propos!

Et qu'on ne s'y trompe pas : il ne s'agit pas ici d'une vaine sentimentalité; si l'officier est heureux d'être aimé de ses hommes, c'est avant tout parce qu'il sait que, le jour où il entrera avec eux sur le champ de bataille, leur dévouement à sa personne se traduira, en définitive, par des actions généreuses qui contribueront au succès de la cause sacrée de la patrie, et qu'il veut être sûr que personne ne restera en arrière, lorsque, conduisant sa troupe à l'ennemi, il lui répétera le mot célèbre : « Qui m'aime me suive ! »

VII

Si, par malheur, un chef ne se sent pas capable d'affection pour ses inférieurs, il est du moins un sentiment qu'on est en droit d'exiger de lui à leur égard : c'est la considération, qui doit présider à tous ses rapports avec ses subordonnés, et dont il n'a jamais le droit de se départir.

Ce qui constitue essentiellement la grandeur et la beauté de l'état militaire, c'est l'abnégation avec laquelle chacun doit s'acquitter d'un devoir si impérieux qu'il peut exiger jusqu'au sacrifice de la vie : or, cette abnégation est le fait du plus humble soldat, aussi bien que du chef le plus élevé.

« Considérez le soldat, dit Dragomiroff (1), comme l'échelon inférieur de la camaraderie militaire, mais aussi comme une partie intégrante de cette camaraderie; n'oubliez pas cette parole sacrée de Pierre le Grand, que « soldat est un nom général honorifique; on appelle soldat le premier général comme le dernier troupier ».

« Parler avec dédain, dit également Marmont (1), de ceux qui composent la foule dans les armées, c'est une

---

(1) *Loc. cit.*

sorte de blasphème; en parler même avec indifférence, c'est méconnaître les conditions de notre nature. »

On ne saurait inculquer au soldat le respect de son uniforme, sans lui témoigner en même temps, d'une façon constante, la considération à laquelle il a droit; tout propos injurieux, toute marque de dédain de supérieur à inférieur doit être sévèrement blâmée.

Il faut enseigner aux gradés qu'une grossièreté proférée de sang-froid à l'adresse d'un homme de troupe est une véritable lâcheté, puisque la discipline interdit à ce dernier de la relever comme elle le mérite.

LE MORAL DE LA NATION

I

Deux raisons font que la valeur de nos institutions militaires dépend en très grande partie du moral de la nation.

La première, c'est qu'avec notre régime politique actuel, c'est, en définitive, la nation elle-même qui règle son organisation militaire.

La seconde, c'est qu'étant donné le service personnel obligatoire, le moral de la nation influe profondément sur celui de l'armée.

II

« Une démocratie, dit M. Alfred Croiset (1), est une société dont tous les membres, directement ou indirectement, sont appelés à agir sur la marche du gouvernement et sur l'établissement des lois. Il y a donc un intérêt social de premier ordre à ce que tous les citoyens de cette démocratie aient les qualités nécessaires pour exercer utilement la part d'influence qui leur est assignée par la constitution et par les mœurs. »

Les lois qui régissent notre organisation militaire sont soumises, comme toutes les autres, à la volonté de

---

(1) Conférence sur les « Besoins de la démocratie en matière d'éducation ».

la masse des citoyens. Or, cette dernière supporte directement tout l'effort qu'impose, en temps de paix, cette organisation, — service personnel obligatoire et budget de la guerre; — si, d'autre part, incomplètement ou mal éclairée, elle n'apprécie pas suffisamment la nécessité de la tâche qui lui incombe, comme il ne dépend que d'elle, en réalité, de s'y soustraire, elle peut supprimer des charges qui lui paraissent hors de proportion avec le résultat qu'elles doivent procurer.

Il est donc indispensable, d'une part, de réduire ces dernières au minimum compatible avec l'organisation reconnue nécessaire; d'un autre côté, il importe que la nation se rende un compte exact des sacrifices qu'exigent sa sécurité et le souci de son indépendance.

Ces considérations sont très importantes à plusieurs points de vue.

III

Nous en tirerons d'abord quelques conclusions qui concernent particulièrement les officiers, et leur imposent de sérieuses obligations.

Au point de vue matériel, il faut que tous s'ingénient à réduire les dépenses du département de la guerre, et cela non seulement pour obéir à l'obligation commune à toutes les administrations, d'assurer une bonne exécution du service le plus économiquement possible pour l'Etat, mais parce qu'il y a un intérêt majeur, pour le motif indiqué ci-dessus, à diminuer, autant que faire se peut, les charges de notre budget militaire.

Dans ce but, il importe que tous ceux qui ont quelque part à la direction des affaires aient la préoccupation constante de comparer le montant de chaque dépense avec l'utilité de son objet, et n'hésitent pas, le cas échéant, à proposer la suppression des crédits à l'égard desquels cette comparaison ferait ressortir une disproportion trop grande entre la somme dépensée et l'effet utile produit.

Il ne faut pas perdre de vue, d'ailleurs, que lorsque les dépenses viennent à excéder les recettes, et que des économies s'imposent, si les professionnels négligent de les réaliser, alors qu'ils pourraient le faire en réduisant la dotation de certains chapitres qui le supporteraient sans trop d'inconvénients, les suppressions de crédits reconnues nécessaires n'en sont pas moins opérées, parfois avec une compétence insuffisante; elles peuvent alors affecter certaines parties de l'organisation qui en souffrent cruellement.

En ce qui concerne l'instruction, le temps doit être minutieusement utilisé, — sans surmenage, bien entendu, — de façon qu'on ne puisse jamais entendre dire à un homme qui quitte le régiment que s'il a passé tant de mois sous les drapeaux, une partie seulement de ce temps a été réellement mise à profit pour son instruction militaire.

Au même point de vue, tout officier qui emploie un soldat à une besogne étrangère au service, en dehors des soldats-ordonnances que lui accorde le règlement, commet une faute grave, car si plus tard, rentré dans la vie civile, cet homme va répétant partout que le temps de service militaire qui lui a été imposé aurait pu, sans inconvénient pour son instruction, être réduit de moitié, par exemple, à qui la faute? En outre, sans parler du préjudice réel porté à l'instruction de ce soldat, il en résulte pour lui, chose encore plus grave, un effet de démoralisation; sur quoi seront fondés les reproches qu'on lui adressera, si, le lendemain du jour où il a été ainsi indûment employé, il cherche, pour son propre compte cette fois, à esquiver le service?

IV

Le peuple français observe avec une sollicitude inquiète tout ce qui touche à l'armée; que de fois, assistant en curieux à une revue ou à une manœuvre, mêlé aux rangs de la foule, entend-on des réflexions émanant de paysans ou d'ouvriers, et dénotant le vif intérêt pris par leurs auteurs au spectacle qui se déroule sous leurs yeux; intérêt qui consiste non pas dans le plaisir enfantin de voir évoluer des soldats, mais dans la curiosité légitime de patriotes cherchant à se rendre compte autant qu'ils le peuvent, de la valeur de l'armée nationale.

Cette attention du public s'applique non seulement à l'ensemble de la troupe, mais surtout à ses chefs, même en dehors du service.

« L'officier, dit le capitaine Gavet (1), est, de la part des gens du peuple surtout, l'objet d'une observation attentive et exigeante; il faut qu'il le sache, qu'il en tienne compte et qu'il évite tout ce qui peut produire sur la foule une impression défavorable. »

Cette considération s'applique également à la troupe elle-même, car l'aspect d'un régiment qui se présente mal dans une revue, d'une compagnie qui passe en désordre sur la route, la connaissance d'actes d'indiscipline graves et répétés, produisent sur le public un effet démoralisant.

V

En parlant de l'instruction, nous avons signalé l'in-

---

(1) *Loc. cit.*

térêt qu'il y a à faire constater par les hommes eux-
mêmes, quand c'est possible, les résultats du travail
qu'ils ont fourni; ce n'est jamais plus utile que lors des
périodes d'instruction de la réserve et de l'armée territoriale, car celles-ci, survenant à un moment où les
hommes qu'elles appellent sous les drapeaux sont éta-
blis à leur compte, et le plus souvent mariés et pères
de famille, causent aux citoyens, toute proportion gardée, une gène infiniment plus sensible que le service
actif lui-même.

Et cependant, dans une organisation militaire qui
doit appeler aux armes, en temps de guerre, tous les
hommes valides du pays, il ne saurait être question de
les supprimer, tant est grande leur importance, moins
peut-être au point de vue de l'instruction des troupes
qu'au point de vue du moral des hommes qui composent
nos réserves.

C'est qu'en effet, tant qu'il reste à ceux-ci une période
d'instruction à accomplir, ils sentent qu'ils font partie
de l'armée, et que, le jour où le pays aura besoin de
leurs services, ils viendront reprendre dans le rang les
placés qui leur sont réservées.

Quand on se reporte aux tristes événements de 1870-
71, on constate que notre échec définitif est surtout
dû, dans la seconde partie de la guerre, à l'absence des
réserves.

Non seulement la plupart des hommes qui furent appelés sous les drapeaux, — les officiers aussi bien que
les soldats, — manquaient de l'instruction strictement
indispensable, mais, à côté de ceux qui payèrent brave-
ment de leur personne, il y en eut trop qui, parfaite-
ment en état de porter les armes, faillirent à leur devoir, les uns en s'expatriant, les autres en se faisant ré-
former par des commissions trop complaisantes ou trop
faciles à tromper.

Sans qu'elles puissent y trouver une excuse, un grand nombre de ces défaillances s'expliquent par ce fait que, lorsque éclata la guerre franco-allemande, beaucoup de citoyens français, qui n'avaient pas fait de service militaire, n'avaient jamais songé qu'ils pourraient être appelés à se bat're.

Il existait une armée, dont c'était le métier, qui venait de sortir victorieuse de deux guerres européennes, et l'éventualité qu'elle pût un jour ne pas suffire à sa tâche, dans la lutte contre une grande puissance continentale, ne s'était jamais présentée à l'idée du gros de la nation.

Si donc la masse des citoyens n'était pas préparée, par une instruction appropriée, à l'accomplissement du plus sacré des devoirs, elle ne l'était pas davantage au point de vue moral. Il n'est pas surprenant, dans ces conditions, qu'à côté de l'insuffisance technique des hommes qui répondirent à l'appel de la patrie en danger, on eut la douleur de constater les défaillances de ceux qui s'y dérobèrent (1).

Mais cette *préparation morale* si nécessaire ne saurait résulter du seul classement des citoyens capables de porter les armes dans les différentes catégories de réserves; il faut que ce fait soit rendu tangible, soit en quelque sorte matérialisé pour chacun par les périodes d'instruction.

Or, pour remplir réellement leur objet, sous peine

---

(1) Cette cause principale de nos échecs, dans la seconde partie de la guerre de 1870-71, c'est-à-dire l'absence de réserves bien préparées, techniquement et moralement, est à rapprocher de celle qui causa la chute de l'empire romain : « L'empire, dit M. Guiraud (*loc. cit.*), tomba non pour avoir eu une armée faible, lâche ou infidèle, mais plutôt parce qu'il n'eut pour se défendre que son armée, et que la masse de la population, systématiquement condamnée à une vie calme et paisible, ne garda plus rien de cet esprit militaire qui, jadis, animait tout le corps social. »

même d'avoir un effet directement opposé, ces dernières doivent être si utilement employées, que les hommes appelés à les accomplir aient le sentiment, en retournant dans leurs foyers, que le séjour qu'ils viennent de faire au régiment les a rendus plus aptes à s'acquitter, le cas échéant, de leur devoir militaire.

Les hommes qui appartiennent aux réserves de notre armée sont, de par leur âge, et aussi parce que l'existence a mis beaucoup d'entre eux aux prises avec des difficultés qui ont mûri leur jugement, infiniment plus sérieux et plus « raisonnables », dans le sens propre du mot, que les hommes de l'armée active, qui sortent de l'adolescence.

Aussi remarque-t-on généralement, en même temps que l'extrême bonne volonté manifestée par les hommes de la réserve et de l'armée territoriale, l'attention soutenue avec laquelle ils écoutent les explications qui leur sont données sur les différentes parties de l'instruction.

On peut compter, par suite, que si les conférences dont nous avons parlé à propos de l'éducation ont une salutaire influence sur le moral des jeunes soldats, il en sera de même, à plus forte raison, des réservistes et des territoriaux. On ne manquera donc pas, au cours des périodes d'instruction, de leur rappeler la notion essentielle du devoir militaire, et la nécessité, pour une nation qui veut rester maîtresse de ses destinées, de se maintenir constamment prête à la guerre; on les mettra en garde contre les idées qui, méconnaissant les nécessités avec lesquelles nous sommes actuellement aux prises, tendent à affaiblir notre puissance militaire.

VI

Il est d'autant plus indispensable de réagir contre

ces idées, qu'en bons fils des Gaulois, si la bravoure ne nous fait guère défaut sur le champ de bataille, l'effort lent, obscur, persévérant de la préparation nous répugne. Il faut donc nous méfier de la tendance que nous avons à saisir instinctivement tous les prétextes pour l'esquiver ou le diminuer.

Les longues périodes de paix endorment souvent les nations dans une sécurité trompeuse; elles risquent d'atrophier dans leur cœur tout sentiment viril, si une forte éducation morale ne vient pas contre-balancer une aussi dangereuse influence; il se produit alors de·terribles réveils, lorsqu'apparaît subitement le danger qui paraissait à tout jamais écarté.

Plus qu'aucun autre, le peuple français, avec son caractère confiant, son enthousiasme pour toutes les idées généreuses, sa tendance à prendre parfois ses désirs pour des réalités, doit se tenir sur ses gardes.

VII

Avec notre organisation militaire actuelle, tous les citoyens sont successivement appelés à passer un certain temps sous les drapeaux; ce temps est d'ailleurs trop court pour que leur mentalité puisse s'y modifier d'une façon très sensible, et surtout très durable; les officiers, d'autre part, se recrutent dans toutes les classes de la société.

On peut donc dire qu'à peu de chose près, le moral de l'armée, c'est le moral de la nation. Si la seconde désespère d'elle-même, il ne faut pas compter trouver chez la première cette belle assurance, cette confiance, dans sa force physique et morale, sans laquelle une troupe est vaincue avant même d'avoir engagé le combat.

La foi dans ses destinées est la première condition de la santé morale d'un peuple. Aussi les écrivains qui vont partout prêchant notre décadence, sans se douter peut-être du mal qu'ils font à leur pays, ont-ils une action des plus néfastes.

Il est d'ailleurs curieux de constater que ce malencontreux travers ne date pas d'hier; c'est ainsi qu'à la fin du XVI° siècle, « voici Pasquier qui, selon l'habitude de nos compatriotes, se désespère et déplore la décadence irrémédiable d'un pays qui était pourtant alors dans toute la vigueur de l'adolescence : « Notre France est
» parvenue à une extrême vieillesse, laquelle l'a faite
» tellement malade, alangourie et abattue en elle-même,
» qu'elle sent le mal présent et pressant qui la rend
» flottante, chancelante et tirant aux derniers traits de
» la mort (1). »

Cela tient probablement à ce que l'énergie française, grâce au tempérament essentiellement nerveux et impressionnable de la nation, procède par crises d'activité fiévreuse, séparées par des périodes d'abattement d'autant plus profond que le travail précédent a été plus intense.

Il n'est pas une période de notre histoire où la France ne se soit trouvée aux prises avec des difficultés plus ou moins grandes; représenter constamment celles de l'heure présente comme les signes certains d'une décadence définitive ne saurait avoir d'autre conséquence que d'amener petit à petit la nation à s'abandonner complètement.

Ce n'est pas en lui enlevant tout ressort moral qu'on la guérira de ses défauts. A quoi bon proclamer ainsi, même si c'était la vérité, que tout effort d'amélioration et de progrès est fatalement voué à l'impuissance ? Qu'il

____

(1) Gabriel Hanoteaux, *L'Energie française.*

soit ou non mortellement atteint, il est toujours inutilement cruel et le plus souvent dangereux de déclarer à un malade qu'il ne guérira jamais.

Mais tel n'est pas le cas de notre France, et, fort heureusement, les prophètes de malheur rencontrent fréquemment des contradicteurs chez les hommes éminents chargés par la nation de la direction des tâches essentielles qui lui incombent.

C'est ainsi que M. Jonnart, gouverneur général de l'Algérie, s'écriait dernièrement, en ouvrant la session d'août du conseil général du Pas-de-Calais :

« Quand on contemple... le patient labeur et l'indomptable énergie de nos agriculteurs, les initiatives hardies et fécondes de nos industriels, le dévouement et le patriotisme de nos ouvriers, ce n'est pas un cri de désespérance qui monte aux lèvres, mais des paroles d'admiration et de foi. Quand, dédaignant les agitations de la surface, on touche au fond même du pays, que l'on considère ce qui constitue la vie et la force d'un grand peuple, et assure sa durée, non, il n'est pas possible de souscrire aux prophéties pessimistes des découragés qui doutent des destinées de la France.

» La France a d'inépuisables ressources d'intelligence et d'énergie, et je vous assure qu'en parcourant le vaste empire qu'avec le meilleur de son sang, elle s'est créé de l'autre côté de la Méditerranée, qu'elle marque chaque jour plus fortement de son empreinte, où s'affirme chaque jour la puissance de son génie, où s'épanouit magnifiquement la pensée française, je vous assure qu'on est fier d'être Français, et que bien vite l'esprit s'habitue aux plus larges horizons et aux plus grandes espérances. »

Sans parler de la répercussion des secousses de la Révolution et de l'Empire, qui, bien que lointaine, n'en est pas moins encore sensible, la dépression morale causée par nos défaites de 1870, ainsi que la crise politique et sociale que nous traversons, expliquent suffisamment les défaillances qu'on relève çà et là dans les manifestations de notre énergie nationale.

Le souvenir de l'année terrible et de l'attentat consommé contre notre intégrité nationale, loin de nous abattre, doit être un puissant stimulant pour tremper notre force morale et celle de nos enfants, dans le cœur desquels nous devons graver, dès le berceau, le sentiment des réparations nécessaires.

Quant à la crise politique et sociale que nous subissons avant les autres nations, par suite de notre civilisation plus avancée, de notre sentiment plus vif de la justice et de l'humanité, nous avons la conviction qu'il en sortira, pour notre pays d'abord, et plus tard pour le monde entier, des lois plus justes et plus douces, une plus grande solidarité entre les membres de la famille humaine, un bien-être général plus développé, résultat d'une activité plus féconde.

Mais nous devons prendre garde que cette crise, en raison même de la dépense d'énergie qu'elle nous coûte à l'intérieur, ne devienne une cause de faiblesse au point de vue de notre action extérieure, et veiller avec un soin jaloux au maintien de notre puissance militaire.

VIII

Beaucoup des écrivains qui nous affirment notre décadence consentent à nous accorder quelque répit, nous font même parfois espérer une guérison radicale, à la condition expresse que nous parvenions, à bref délai, à nous rendre identiques aux Germains ou aux Anglo-Saxons, et que nous appliquions exclusivement, dans l'éducation de nos enfants, les procédés en usage de l'autre côté du Rhin et de la Manche, voire de l'Atlantique.

Restons donc nous-mêmes; atténuons nos défauts dans la mesure du possible, mais avant tout, développons nos qualités. En un mot, remplissons notre type : il est assez beau pour nous ôter l'envie d'aller hors de chez nous chercher un idéal que nous ne saurions atteindre d'ailleurs, car nous risquerions à ce jeu de perdre nos qualités propres, sans acquérir celles de nos voisins.

Empruntons à leurs méthodes d'éducation les parties qui nous paraissent susceptibles de s'adapter avantageusement à notre tempérament national, mais gardons-nous d'une imitation servile. Ne perdons pas de vue que si, dans la formation du caractère et des aptitudes des hommes qui composent une nation, les procédés d'éducation et d'instruction ont une grande part, l'influence des différentes races qui ont formé cette nation, celle du sol et du climat qui agissent d'une façon continue sur les générations successives, restent toujours prépondérantes. C'est donc à ces derniers facteurs, sur lesquels nous n'avons aucune prise, qu'il faut adapter les premiers, dont nous disposons à notre gré.

La première condition que doit remplir une méthode d'éducation, c'est d'être appropriée au tempérament du sujet qu'elle doit former. Il en est, à ce point de vue, des hommes comme des animaux; or, on ne dresse pas un pur-sang comme un cheval de labour, un pointer comme un épagneul français.

CONSÉQUENCES
AU POINT DE VUE DE L'ORGANISATION
MILITAIRE DE LA NATION

I

Les institutions militaires d'une nation dépendent
nécessairement, d'une façon très étroite, de son organisation politique et sociale.

Chez un peuple où le régime démocratique atteint
son complet développement, où tous les citoyens sont
pleinement conscients de leurs droits et de leurs devoirs, ces institutions doivent avoir pour base l'organisation de la nation armée, et non celle d'une armée de
métier. Le devoir militaire est, en effet, une de ces parties fondamentales du devoir national dont nul ne peut
se dispenser, s'il est apte à les remplir; qu'il ne peut
déléguer en aucun cas, sous aucun prétexte.

L'étude de tous les éléments dont il convient de tenir
compte, dans l'organisation militaire de la nation, sor-
tirait du cadre que nous nous sommes tracé. Nous exa-
minerons donc seulement, dans ce qui suit, l'influence
que doit avoir, à cet égard, l'élément moral, d'où dépend en si grande partie la valeur des armées.

Les considérations présentées au cours des chapitres
précédents nous ont permis de tirer à ce point de vue
un certain nombre de conclusions, que nous allons rappeler en les développant, s'il y a lieu.

Le Moral   9

Elles concernent particulièrement la constitution des armées de première ligne, l'utilisation des réserves, les périodes d'instruction des réservistes et des territoriaux.

II

L'étude de la cohésion, sans laquelle une troupe n'est qu'une réunion d'hommes n'offrant aucune aptitude au combat, nous a montré que l'armée permanente n'est pas seulement une sorte de vaste école d'instruction où tous les citoyens viennent acquérir l'aptitude à s'acquitter, le cas échéant, de leur devoir militaire; c'est avant tout une force organisée constamment prête à entrer en campagne.

La solution qui permettrait d'obtenir le maximum de cohésion consisterait évidemment à entretenir en temps de paix une armée permanente d'un effectif suffisant pour qu'elle pût être envoyée telle quelle à la frontière lors d'une déclaration de guerre.

Mais différentes causes, parmi lesquelles figurent au premier rang l'impossibilité d'imposer aux citoyens un temps de service suffisamment long, ainsi que de grever le budget au delà d'une certaine limite, obligent à laisser subsister un écart plus ou moins considérable entre l'effectif de paix et l'effectif des troupes appelées à livrer les premières batailles. Cet écart est comblé, en cas de mobilisation, par l'incorporation d'un certain nombre de réservistes.

Jusqu'où peut-on aller dans cette voie?

Pour répondre à cette question d'une façon précise, il faudrait entrer dans une discussion qui nous entraînerait bien loin de notre sujet; nous nous bornerons à présenter les considérations d'ordre moral qui nous paraissent susceptibles d'influer sur la solution à adopter.

On a parfois émis l'opinion qu'un soldat de l'effectif de paix pouvait être remplacé par un réserviste non seulement sans inconvénient, mais même avec avantage; cette assertion se basait sur ce qu'un homme de 27 ou de 28 ans est généralement plus résistant à la fatigue qu'un homme de 22 ou 23 ans; on a même été jusqu'à dire que le réserviste serait également plus solide au point de vue moral, parce qu'il a plus d'intérêts à défendre, étant le plus souvent marié et père de famille.

C'est là une erreur des plus dangereuses.

Pris individuellement, le réserviste ne vaut pas l'homme de l'armée active :

« D'abord, dit le capitaine Gilbert (1), parce qu'il n'a plus l'habitude des armes, l'entraînement à la marche et l'esprit de corps.

» Ensuite, parce qu'il est plus âgé, et que la jeunesse est, d'après l'expression de von der Goltz, l'âge des sacrifices généreusement consentis.

» Enfin parce qu'il a un établissement dans la vie civile et des charges de famille. S'il fait son devoir comme citoyen, s'il expose sa vie pour la défense de ses foyers, il n'y apportera jamais l'entrain, la fougue, le mépris de la mort qu'on peut attendre du célibataire et qu'on rencontrera certainement chez le jeune homme.....

» Ainsi le réserviste est inférieur à l'homme sous les drapeaux, mais les causes de son infériorité sont plus ou moins graves suivant qu'il a quitté depuis plus ou moins longtemps le service actif, qu'il est plus ou moins jeune, enfin et surtout suivant qu'il est ou qu'il n'est pas père de famille. »

Cette infériorité s'accentue encore si l'on considère

______

(1) *Les dessous de la loi allemande de 1893.*

le réserviste non plus individuellement, mais dans la collectivité dont il est appelé à faire partie.

Il ne connaît en effet ni ses chefs ni ses camarades; il n'est pas connu d'eux (1); or, ce n'est pas dans les quelques jours qui s'écouleraient entre la mobilisation et les premières batailles qu'il aurait le temps de « manger assez de soupe », suivant l'expression de Napoléon, avec ses camarades de combat, et que ses chefs pourraient prendre sur lui l'ascendant moral indispensable.

Ainsi, au delà d'une certaine limite, l'appoint de réservistes n'est plus pour une troupe un renfort, mais un dissolvant; on ne saurait en incorporer plus d'une proportion déterminée, sans porter une grave atteinte à la cohésion.

A ne considérer que l'infanterie, la proportion de 50 p. 100 actuellement admise ne saurait être dépassée sans danger; il y aurait peut-être même avantage à la réduire, fût-ce au prix d'une diminution de nos effectifs de première ligne.

« Au delà d'une certaine limite, dit Marmont (2), la force réelle d'une armée ne croît pas en raison du nombre des soldats et des moyens matériels, mais bien plus en raison de l'esprit qui l'anime. »

La limite dont parle Marmont est à coup sûr atteinte et dépassée par les effectifs que chacune des grandes puissances européennes mettrait en première ligne en cas de mobilisation; nous devons donc considérer les

---

(1) Il serait très avantageux, à ce point de vue, d'adopter le recrutement subdivisionnaire; les inconvénients qu'on reproche à ce système seraient plus que compensés par le surcroît de cohésion qu'il procurerait à nos troupes de première ligne. Ces inconvénients paraissant d'ailleurs pouvoir être, sinon complètement évités, du moins atténués dans une large mesure, au moyen de quelques dispositions de détail dont l'application ne présenterait pas de sérieuses difficultés.

(2) *Loc. cit.*

facteurs moraux comme absolument prépondérants, et nous garder de sacrifier la cohésion indispensable à ce qu'on a appelé avec raison « la folie du nombre. »

Toujours au même point de vue, une disposition qui paraît absolument à rejeter, pour les unités de première ligne, c'est le dédoublement.

En dehors de l'appoint des réservistes nécessaire pour porter une troupe à l'effectif de guerre, tout changement, si faible qu'il soit, apporté dans sa composition au moment de l'ouverture des hostilités, diminue sa valeur dans une certaine mesure; si c'est le chef d'une unité qu'on enlève pour l'employer ailleurs, on décapite cette unité; les premières batailles seront livrées avant que le remplaçant ait réellement tout son monde dans la main.

III

A plus forte raison, les troupes formées de toutes pièces à la mobilisation, et composées presque exclusivement de réservistes et de territoriaux, ne sauraient être employées comme troupes de première ligne. Il leur faut un certain temps pour acquérir quelque solidité.

« Il n'y a pas de cohésion, dit le capitaine Gavet (1), dans une unité constituée avec des hommes rassemblés à la hâte, qui ne se connaissent pas entre eux et ne comptent pas les uns sur les autres. Une troupe ainsi improvisée est un assemblage fragile que les officiers maintiennent à grand'peine, et qui tend à la dissociation, chacun ne comptant que sur lui-même. »

Il paraît donc logique de n'employer en première

---

(1) *Loc. cit.*

ligne qu'une assez faible partie des hommes appartenant aux différentes catégories de réserve.

Est-ce à dire pour cela que les nombreuses classes
d'hommes exercés que nous possédons doivent être considérées comme inutilisables pour la défense nationale?
Certainement non; nous avons trop éprouvé, en 1870,
combien peut faire cruellement défaut, à un moment
donné, le manque de réserves instruites, pour ne pas
considérer ces dernières comme une des parties essentielles de la nation armée. Mais il faut les employer
à leur place, de façon à en tirer le maximum de rendement.

Tout d'abord une partie des réservistes qui ne seront
pas incorporés dans les troupes de première ligne sera
absorbée par les dépôts de ces troupes, pour permettre
de combler les vides qui s'y produiront dans les premières rencontres.

Le reste, mobilisé dès la déclaration de guerre, sera
constitué en grandes unités qui devront disposer d'un
certain temps pour s'exercer, se discipliner, se souder
avant d'être envoyés à l'ennemi.

Ce temps pourra n'être pas considérable, si les premières batailles nous sont favorables, car il faudra immédiatement constituer des corps de siège, renforcer les
troupes de première ligne avant qu'elles aient affaire
aux troupes de réserve que l'ennemi fera sans doute
intervenir, etc.; mais cet inconvénient, étant donné surtout l'impressionnabilité du caractère français, sera
largement compensé par le puissant effet moral de la
victoire.

En cas de revers des armées de première ligne, celles-
ci procureront le temps nécessaire à la *mise au point*
des troupes de réserve par des combats en retraite qui
retarderont la marche de l'ennemi.

Qui peut dire comment se serait terminée la guerre

de 1870 si, dès le début des hostilités, chaque département ment avait vu se mobiliser, en moyenne, la valeur d'une brigade de réserve, composée, bien entendu, d'hommes ayant reçu au préalable l'instruction nécessaire, et si les armées de Mac-Mahon et de Bazaine étaient arrivées en septembre sur la Loire moyenne, par exemple, pour y trouver un groupe d'armées de réserve, mobilisées depuis deux mois, ayant perfectionné leur instruction, solidement établi la discipline, et acquis toute la cohésion nécessaire pour faire de solides troupes de campagne ?

Mais cette question n'est même pas à poser, car si la Prusse avait su que notre armée active était appuyée sur des réserves bien organisées, elle n'aurait certainement pas provoqué la guerre.

IV

Quant à la nécessité des périodes d'instruction que doivent accomplir les différentes catégories de réserves, elle a fait l'objet de développements suffisants, à propos du « Moral de la nation », pour qu'il soit inutile d'y revenir ici.

V

Les précautions à prendre pour tirer bon parti des réserves, la nécessité d'une armée permanente pour en encadrer l'élite et permettre au reste de s'organiser, montrent jusqu'à l'évidence l'inanité du système des milices.

Examinons cependant rapidement ce dernier, puisque, trente ans après la guerre de 1870, et alors que la patrie porte encore au flanc sa blessure toujours saignante, il se trouve des Français pour préconiser son adoption.

Supposons donc que ce soit un fait accompli, et que la puissance avec laquelle nous sommes appelés à lutter possède une armée permanente suffisamment nombreuse et bien organisée.

Il est incontestable que la mobilisation des milices sera assez longue, d'où un premier danger, surtout si l'ennemi, exploitant la situation, entre en campagne sans déclarer la guerre, et entame immédiatement, avec ses forces du temps de paix, une invasion qu'un réseau ferré se développant tous les jours lui permet de rendre foudroyante.

Une portion notable du territoire est rapidement occupée par l'assaillant; la mobilisation d'une partie de nos forces est empêchée.

Les milices que nous opposerions à l'ennemi, aussitôt après leur mobilisation, ne sauraient entraver sérieusement ses progrès, car elles ne présenteraient aucune cohésion et manqueraient de discipline, en supposant toujours les miliciens animés du plus pur patriotisme, en admettant même, ce qui ne saurait être, qu'ils aient une instruction suffisante.

L'invasion du territoire se poursuit donc avec une plus ou moins grande rapidité, produisant sur la population civile et les milices une dépression morale considérable, et privant le pays d'une partie de ses ressources.

Supposons qu'on ait eu la sagesse de ne pas jeter au-devant de l'ennemi des forces aussi peu solides que celles que fournirait une milice récemment mobilisée, et qu'on les ait retirées suffisamment en arrière pour leur donner le temps de compléter leur organisation, d'acquérir la cohésion et la discipline qui leur font défaut.

L'armée ennemie, animée par des succès faciles, appuyée par de puissantes réserves, vient les attaquer.

De l'aveu même de leurs plus chauds partisans, — et c'est là à leurs yeux une de leurs plus précieuses qualités, — les milices ne sont aptes qu'à la défense passive. Elles seront toujours incapables de passer à l'offensive après avoir résisté victorieusement à une attaque. Il ne saurait en être autrement, la capacité manœuvrière leur faisant totalement défaut : la guerre du Transvaal vient de le montrer une fois de plus. Or, l'expérience prouve que la défensive passive a toujours conduit à des désastres.

La guerre durera donc plus ou moins longtemps, mais le résultat final est inévitable : il consistera dans le démembrement du territoire et dans l'asservissement des citoyens qui, ayant manqué de la virilité nécessaire pour faire en temps de paix l'effort indispensable, en accomplissant un service militaire d'une durée suffisante, auront mérité la servitude.

Dans l'état actuel de l'Europe, l'acte d'une nation qui, la première, remplacerait par l'institution d'une milice l'organisation militaire comportant une solide armée permanente, équivaudrait à un suicide.

Les guerres de la Révolution ne doivent nous faire à cet égard aucune illusion; non seulement les armées de cette époque trouvèrent un précieux appoint, au point de vue de la solidité, dans les troupes de l'ancienne monarchie, mais elles ne vainquirent que parce que la coalition leur laissa le temps de s'organiser.

« Sans les lenteurs systématiques des Autrichiens, surtout, nous étions perdus cent fois pour une.

» Eux seuls nous ont sauvés, en nous donnant le temps de faire des soldats, des officiers, des généraux. » (Thiébault.)

Pareille situation ne se présentera sans doute plus jamais; en tous cas, il serait de la dernière imprudence d'y compter.

VI

Mais ce qui est à craindre, à l'heure actuelle, ce n'est pas, à coup sûr, l'adoption d'emblée du système des milices; c'est un acheminement insensible vers cette organisation, par un affaiblissement progressif de notre armée permanente.

Lorsqu'on discute la question de nos effectifs de paix dans la presse et même au Parlement, on voit trop souvent revenir l'argument suivant :

Que peuvent bien faire vingt ou trente mille hommes de plus ou de moins dans un effectif de paix destiné à être complètement noyé, en cas de mobilisation, dans l'afflux des réservistes et des territoriaux? La différence énorme entre le nombre de ces derniers et l'effectif de l'armée permanente, supposé porté au maximum que nous puissions lui donner, ne fait-elle pas que ce sont nos réserves, en réalité, qui constituent l'armée nationale?

Un pareil raisonnement prouve la méconnaissance absolue des nécessités d'ordre moral dont il faut tenir compte dans l'organisation de la nation armée; on ne saurait trop le répéter : quand il s'agit des troupes de première ligne, c'est-à-dire de celles qui auront la redoutable mission de frapper les premiers coups d'où dépendra peut-être le sort de toute la campagne, ce sont les réserves qui sont faites pour l'armée permanente et non pas l'armée permanente pour les réserves.

Le jour où notre organisation militaire visera exclusivement la constitution de ces dernières, l'armée française ne sera plus en réalité qu'une milice.

LA FORCE MORALE EN CAMPAGNE

I

Nous avons déjà été amené, pour plus de clarté, à traiter en partie ce sujet au cours des chapitres qui précèdent, notamment à propos de « l'action personnelle du chef ».

Il nous reste à présenter quelques observations concernant les causes qui influent en campagne sur le moral des troupes ; les précautions qui s'imposent au commandement pour favoriser ou combattre leur action, suivant le sens dans lequel elle s'exerce ; la nécessité, pour les chefs de tout grade, d'être toujours aussi bien renseignés que possible sur l'état moral de leurs soldats ; enfin, l'action disciplinaire du temps de guerre.

II

La force morale d'une armée est susceptible de variations diverses au cours d'une même campagne, mais on peut dire que, d'une façon générale, elle s'épuise par suite d'un effort prolongé, même au milieu des plus grands succès.

La Grande Armée elle-même n'échappa point à cette loi, et, en 1807, on constata chez elle une dépression morale très sensible. C'est qu'après chaque bataille gagnée, après Austerlitz, après Iéna, le soldat, qui croyait la guerre terminée, était appelé à fournir un nouvel effort; la provision d'énergie s'épuisait, malgré le prestige de la victoire et l'ascendant du grand Empereur.

En 1870-71, il en fut de même des Allemands, lorsqu'ils virent qu'après leurs succès de Metz et de Sedan, il fallait recommencer une nouvelle campagne; ainsi, il suffit de lire avec attention la relation de la bataille du Mans, par exemple, dans l'ouvrage du grand état-major prussien (1), pour se convaincre qu'en janvier 1871 l'armée allemande était à bout de souffle.

Cette dépression morale tient à plusieurs causes, dont les principales sont la dépense d'énergie qu'exigent de chaque individu les efforts qu'il est appelé à fournir, et ce fait que les meilleurs éléments de l'armée sont, toute proportion gardée, ceux qui souffrent le plus des pertes causées par le feu; la mort frappe nécessairement de préférence, sur le champ de bataille, ceux qui paient le plus volontiers de leur personne.

Rien ne doit donc être négligé, même lorsque les opérations se déroulent avec succès, pour exalter le moral des troupes, ou tout au moins l'empêcher de fléchir.

Les victoires et les défaites sont particulièrement impressionnantes pour le soldat, mais l'effet qu'elles exercent sur lui, lorsqu'il n'a pas pris une part directe aux opérations, ne dépend pas tant des circonstances qui se sont réellement déroulées que de la façon dont elles lui sont présentées.

Aussi voyons-nous, toutes les fois que le commandement s'est montré soucieux d'affermir le courage des combattants, les généraux exagérer les succès, et, au contraire, atténuer autant que possible les revers, lorsqu'ils ne les passaient pas sous silence. Ces précautions paraissent particulièrement indiquées lorsqu'on a affaire

----

(1) Ouvrage qui cependant, comme on le sait, prend le plus grand soin de cacher les faiblesses de l'armée allemande, même au prix d'inexactitudes.

à de jeunes troupes, auxquelles la confiance en elles-mêmes fait plus ou moins défaut.

C'est ainsi qu'au printemps de 1794, « le moindre succès était chanté comme une grande victoire ; c'est ainsi que la brigade Daendels, campée à Comines, et faisant partie de la division Souham, se vit citer à l'ordre de l'armée pour avoir réussi un simple fourrage : le général en chef profitait, du reste, de cette occasion pour prodiguer aux réquisitionnaires les plus grands éloges, les assurant d'avance de leur intrépidité et leur donnant ainsi une confiance en eux-mêmes qu'il était peut-être loin de partager lui-même (1) ».

Dans chaque armée, les succès remportés sur d'autres théâtres d'opérations, si peu importants qu'ils fussent, faisaient l'objet de pompeux ordres du jour.

La forme offensive ou défensive que revêtent les opérations influe aussi d'une façon très sensible sur le moral des troupes.

« Il ne faut pas oublier, dit Dragomiroff (2), que la réussite ou l'insuccès dépendent beaucoup de l'idée préconçue. »

Or, aux yeux du soldat, l'offensive présume la victoire ; la défensive, au contraire, semble y renoncer d'avance, et, parce qu'elle abandonne à l'adversaire l'initiative de l'attaque, viser seulement à éviter la défaite.

Il est donc très important, au point de vue moral, de

____

(1) Lieutenant-colonel Coutanceau, *La Campagne de 1794 à l'armée du Nord*. La seconde partie de cette citation nous montre une application de ce principe d'éducation morale, qu'il faut toujours présumer les sentiments qu'on veut développer. Un des meilleurs moyens de combattre le mensonge, c'est de toujours croire qu'on nous dit la vérité ; nous rendons plus certaine l'exécution des ordres que nous donnons, en supposant que nous serons obéis en toute circonstance. La méfiance pousse au contraire à l'indiscipline.

(2) *Loc. cit.*

toujours agir offensivement, lorsque d'autres considérations ne s'y opposent pas absolument.

« On doit être attentif, dit Bugeaud (2), à faire tout ce qui peut relever le moral des siens et affaiblir celui de ses adversaires ; c'est dans ce but que le 56° ne se laissera jamais attaquer ; il prendra toujours, au moment décisif, l'initiative du combat. S'il est sur la défensive, il se placera en arrière de la ligne où il veut que le combat ait lieu, afin de se porter en avant au moment décisif. C'est dans ce cas qu'on aperçoit la puissance de la force morale ; tous les avantages physiques sont en faveur de la troupe postée dans un lien fort par l'art et par la nature et cependant elle est presque toujours débusquée, si elle se borne à combattre de pied ferme. On peut dire, au moral comme au physique, qu'une bonne défensive doit être offensive. Les mouvements offensifs sur les flancs ou les derrières des assaillants manquent rarement leur effet ; ne fussent-ils exécutés que par une poignée d'hommes, ils affectent singulièrement le moral... C'est parce que ces mouvements sont excellents, au moral comme au physique, qu'il faut prémunir les siens contre leurs effets, en leur faisant envisager par avance la possibilité de pareilles attaques et en leur indiquant les moyens d'y parer. »

Au cas où l'on jugerait préférable de rester d'abord sur la défensive, se réservant de passer ensuite à l'offensive, il paraît très avantageux de mettre le soldat, autant que possible, au courant de la manœuvre projetée.

Lorsqu'on a affaire à des troupes battues ou de formation récente, un des procédés les plus efficaces pour relever leur moral affaibli ou encore peu affermi, consiste à engager, toutes les fois que l'occasion s'en présente et qu'on est sûr du succès, de petites actions partielles qui

---

(1) *Principes physiques et moraux du combat de l'infanterie.*

n'auront sans doute aucun effet direct sur l'issue finale
de la lutte, mais contribueront puissamment à donner
aux troupes, en même temps que la confiance dans leur
propre valeur, le mépris de l'adversaire qui est une des
conditions du succès.

« C'est ainsi que, dans les retraites, avec un peu d'habitude de la guerre, il est aisé de se procurer des succès
d'arrière-garde qui relèvent si fort le moral d'une armée
en retraite, et par la même raison rendent infiniment
timide l'armée qui poursuit (1). »

Sur le champ de bataille même, la claire vision des
conséquences immédiates de la défaite est parfois, pour
les soldats, un puissant stimulant, que les chefs ne doivent pas négliger.

En 1814, à la bataille de Paris, les Russes attaquèrent
en forces considérables les parcs de Brière et de Saint-
Fargeau :

« Six fois ils entrent dans les parcs, six fois ils en sont
chassés. « Pour rallier nos soldats, dit Fabvier, il nous
» suffit de leur montrer d'une main Paris et de l'autre
» l'ennemi (2). »

Plus les circonstances sont difficiles, plus les chefs
doivent surveiller étroitement le moral des troupes, et
faire tout ce qui dépend d'eux pour affermir les courages
et rétablir la confiance.

« Ce sont les retraites, dit Bugeaud (3), qui éprouvent
le plus le moral du soldat. On a répété souvent que les
Français étaient peu propres à ce genre de combat, ce qui
équivaut à dire que les Français sont de mauvais soldats ; cela est absurde : une foule de faits ont prouvé de-

---

(1) Bugeaud, *Principes physiques et moraux du combat de
l'infanterie.*
(2) Henri Houssaye, *1814.*
(3) *Principes physiques et moraux du combat de l'infanterie.*

puis quarante ans que, toutes les fois que les Français
ont été bien commandés, ils ont fait de brillantes retraites. Souvent, on a accusé le caractère national, pendant
qu'il fallait s'en prendre aux dispositions des chefs et à
leur peu de talent pour s'emparer du moral des troupes. »

III

La force morale trouve en campagne un précieux
auxiliaire dans un sentiment particulièrement développé
chez les Français et dont les officiers, pour peu qu'ils
sachent en jouer, peuvent, même en temps de paix, tirer
un excellent parti : c'est l'amour-propre. «..... L'amour-
propre, dit Marmont (1), cause de tant de bien et de
tant de mal, exerce dans le métier des armes une im-
mense puissance, car il en est la vie.

» Une armée composée d'hommes sans amour-propre
ne vaudrait rien; c'est parce qu'ils en sont remplis, que
les Français sont de très bons soldats; c'est ainsi encore
que les soldats fournis par les grandes villes, où l'amour-
propre est plus actif, mais qui sont moins forts et moins
robustes, dépassent souvent de beaucoup en valeur ceux
qui sortent des campagnes.....

» Ce sentiment, si honorable pour l'homme, inspire
les actions les plus généreuses. Il est le mobile du simple soldat comme du général. »

Aussi n'a-t-il jamais manqué d'être exploité par les
chefs attentifs à utiliser tout ce qui peut agir favora-
blement sur le moral des troupes.

Dans les armées de la Révolution, si les actions d'éclat
étaient l'objet de pompeux éloges, décernés dans des
ordres du jour lus devant le front de toutes les compa-

---

(1) *Loc. cit.*

gnies, les actes de faiblesse ou de lâcheté étaient également portés à la connaissance des troupes, comme en témoigne cet ordre du jour de Pichegru, en date du 17-18 floréal an II (6 et 7 mai 1794) (1) :

« Autant le général en chef se plaît à donner aux belles actions la publicité et le tribut d'éloges qu'elles méritent, autant il est de sa justice de faire connaître toutes celles qui ne répondent pas à cette valeur républicaine qui anime le soldat français. Il annonce donc à toute l'armée que le 1ᵉʳ escadron du 20ᵉ régiment de cavalerie a abandonné à Rousselaere deux pièces de 8 et un obusier d'artillerie légère dont l'ennemi, moins nombreux, s'est emparé. Le Général en chef déclare qu'il ne sera plus confié de canon à cet escadron avant qu'il n'en ait repris à l'ennemi, et que cet exemple de sévérité, mais de justice, sera exercé à l'égard de ceux qui auraient assez de lâcheté pour abandonner des canons confiés à leur valeur et à leur active surveillance. »

Galvanisé par un pareil affront, l'escadron ainsi incriminé se conduisait le 13 floréal (10 mai), à Courtrai, de façon à mériter d'être réhabilité dans l'ordre du 24 au 25 (13-14 mai) :

« .....Un escadron du 20ᵉ régiment qui fut mis à l'ordre du 17 au 18, n'a pas tardé à prendre sa revanche; il s'est fort bien conduit dans cette circonstance..... »

De même le général Dubois mettait à l'ordre du 30 floréal (19 mai) :

« Le Général s'empresse de rendre justice à ses frères, lorsque leur courage les rend dignes du nom de vrais

---

(1) Cette citation ainsi que les suivantes sont extraites de l'ouvrage de M. le lieutenant-colonel Coutanceau : *La Campagne de 1794 à l'armée du Nord.*

républicains. Il annonce à l'armée que, si le 12ᵉ régiment de dragons s'est conduit dans la découverte d'hier avec sa bravoure ordinaire, le 3ᵉ régiment de cavalerie a montré toute l'énergie et le courage qu'il fallait, pour effacer à jamais les soupçons qu'on pourrait porter sur son compte..... »

IV

« La différence qui existe, dit Marmont (1), entre telle ou telle armée, dans telle ou telle campagne, dépend particulièrement du moral; et l'appréciation ici ne tient pas aux règles du métier, mais à cette partie sublime de l'art, qui suppose la connaissance du cœur humain, dont les mouvements sont si rapides et si mystérieux. »

L'art d'apprécier le moral des troupes est une des facultés les plus précieuses que puisse posséder un chef d'armée.

« Le génie de la guerre, dit encore Marmont (1), est incomplet, si, à la faculté de ces combinaisons que j'appellerai techniques, un général ne joint pas la connaissance du cœur humain; s'il n'a pas l'instinct de deviner ce qui se passe dans l'âme de ses soldats et chez l'ennemi. Ces inspirations si variables forment le moral de la guerre; action mystérieuse qui donne la puissance du moment à une armée, et qui fait qu'un homme en vaut dix et que dix n'en valent pas un seul. »

C'est l'appréciation exacte du moral d'une troupe qui permet de déterminer ce qu'on peut lui demander à un moment donné, sans provoquer une désorganisation com-

---

(1) *Loc. cit.*

plète; c'est elle, en un mot, qui donne le sentiment de ce qu'Ardant du Picq appelle le *praticable* (1), au delà duquel la discipline se rompt.

Inversement un chef qui n'a pas dans sa troupe la confiance qu'elle mérite n'ose pas lui demander les efforts dont elle est capable; on en trouverait plus d'un exemple dans la seconde partie de la guerre de 1870-71.

C'est précisément quand un chef est sûr de la valeur exceptionnelle de sa troupe qu'il peut agir à l'encontre des règles généralement admises, et obtenir ainsi des effets de surprise capables de produire les plus grands résultats.

Quelle supériorité n'aura pas, à ce point de vue, un chef qui, ayant exercé sur ses soldats, dès le temps de paix, une puissante action morale personnelle, aura senti battre le cœur de sa troupe, sur celui qui, se bornant au « froid exercice », dont parle Bugeaud, n'aura employé comme moyen d'éducation que les punitions destinées à réprimer les fautes !

V

La plupart des moyens propres à développer, dès le temps de paix, la force morale du soldat, conserveront toute leur efficacité en campagne; les chefs s'attacheront d'autant plus à n'en négliger aucun qu'on touche au moment où la forte éducation à laquelle l'homme a été soumis va porter tous ses fruits.

Mais il va de soi que l'action disciplinaire du temps de guerre prendra une forme plus impérieuse, plus violente même, que celle du temps de paix. La persuasion

---

(1) « N'ordonnez jamais que le praticable, dit la discipline, parce que l'impraticable devient une désobéissance. » (*Loc. cit.*)

n'a plus rien à faire quand il s'agit d'un acte d'indiscipline ou de lâcheté bien caractérisé, commis en présence de l'ennemi.

C'est ce qu'indique bien nettement notre règlement sur le service des armées en campagne lorsqu'il dit à propos du combat :

« Les officiers et les sous-officiers ont le devoir de s'employer avec énergie au maintien de l'ordre et de retenir à leur place, par tous les moyens en leur pouvoir, les militaires sous leurs ordres; au besoin, ils forcent leur obéissance. »

CONCLUSION

Dans la présente étude, nous nous sommes efforcé de démontrer la nécessité de ce principe, que nous considérons comme une règle invariable :

Dans toute décision, tout acte de commandement, toute disposition ayant trait à l'organisation militaire, si peu importants qu'ils paraissent, il faut avoir constamment en vue l'effet moral produit, car il dépasse presque toujours en valeur, et surtout en durée, l'effet matériel.

C'est l'application de cette règle, jointe à une forte éducation, qui nous permettra de donner aux générations qui s'élèvent la valeur morale nécessaire pour bien servir la patrie.

Cette importance capitale de l'éducation apparaît nettement à toutes les personnes conscientes des nécessités du temps présent et soucieuses de l'avenir du pays, qu'il s'agisse d'ailleurs de l'éducation civique totale, ou seulement de la partie de cette éducation qui a trait à l'accomplissement du devoir militaire.

Malheureusement, la foi de beaucoup de ceux qui croient à la puissance de l'éducation reste trop souvent une foi morte, une foi qui n'agit pas.

En particulier, si nous considérons l'armée, nous voyons que beaucoup d'officiers sont actuellement convaincus de la nécessité et de l'efficacité de l'éducation morale; cependant, ceux qui essaient de lui donner tout le développement qu'elle comporte sont encore une infime minorité, ainsi que le constate le lieutenant-colonel Ebener dans les conférences sur le rôle social de l'officier qu'il a faites en 1901 à l'Ecole de Saint-Cyr.

Cela tient à plusieurs causes, parmi lesquelles on peut citer la difficulté d'appliquer une doctrine qui, sur quelques points, n'est pas encore bien nettement dégagée, et la crainte qu'éprouvent certains officiers de trop détonner dans le milieu où ils sont appelés à exercer leur autorité.

Quoi qu'il en soit, nous serions heureux si la lecture des pages qui précèdent pouvait contribuer à remplacer chez quelques-uns de nos camarades « l'assentiment purement formel » par « la foi efficiente et instigatrice d'actes ».

Enfin, en terminant, nous dirons aux jeunes officiers :

Commandez surtout avec votre cœur, et vous obtiendrez tout de vos soldats.

Commandez attentivement, car l'expérience montre qu'une très grande partie des fautes commises par les subordonnés sont imputables à l'inattention de leurs supérieurs, qui n'ont pas suffisamment prévu — on a dit avec raison; commander, c'est prévoir — ou qui n'ont pas pris soin de relever les premiers manquements.

Sans oublier rien du passé, regardez autour de vous, et surtout devant vous, et que la mission civilisatrice qui constitue dans le présent et dans l'avenir la continuation du rôle historique de notre noble patrie soit toujours votre idéal, votre raison de penser, de parler et d'agir !

APPENDICE

DÉCLARATION DES DÉPUTÉS D'ALSACE-LORRAINE

(Séance de l'Assemblée nationale du 17 février 1871. — *Journal officiel de la République française* du 22.)

I

L'Alsace et la Lorraine ne veulent pas être aliénées.

Associées depuis plus de deux siècles à la France, dans la bonne comme dans la mauvaise fortune, ces deux provinces, sans cesse exposées aux coups de l'ennemi, se sont constamment sacrifiées pour la grandeur nationale; elles ont scellé de leur sang l'indissoluble pacte qui les rattache à l'unité française. Mises aujourd'hui en question par les prétentions étrangères, elles affirment à travers les obstacles et tous les dangers, sous le joug même de l'envahisseur, leur inébranlable fidélité.

Tous unanimes, les concitoyens demeurés dans leurs foyers comme les soldats accourus sous les drapeaux, les uns en votant, les autres en combattant, signifient à l'Allemagne et au monde l'immuable volonté de l'Alsace et de la Lorraine de rester françaises.

. . . .

III

L'Europe ne peut ni permettre ni ratifier l'abandon de l'Alsace et de la Lorraine.

Gardiennes des règles de la justice et du droit des gens, les nations civilisées ne sauraient rester plus longtemps insensibles au sort de leurs voisines, sous peine d'être, à leur tour, victimes des attentats qu'elles auraient tolérés. L'Europe moderne ne peut laisser saisir un peuple comme un vil troupeau; elle ne peut rester sourde aux protestations répétées des populations menacées; elle doit à sa propre conservation d'interdire de pareils abus de la force. Elle sait, d'ailleurs, que l'unité de la France est aujourd'hui, comme par le passé, une garantie de l'ordre général du monde, une barrière contre l'esprit de conquête et d'invasion.

La paix faite au prix d'une cession de territoire ne serait qu'une trêve ruineuse et non une paix définitive. Elle serait pour tous une cause d'agitations intestines, une provocation légitime et permanente à la guerre. Et quant à nous, Alsaciens et Lorrains, nous serions prêts à recommencer la guerre aujourd'hui, demain, à toute heure, à tout instant.

En résumé, l'Alsace et la Lorraine protestent hautement contre toute cession; la France ne peut la consentir, l'Europe ne peut la sanctionner.

En foi de quoi nous prenons nos concitoyens de France, les gouvernements et les peuples du monde entier, à témoin que nous tenons d'avance pour nuls et non avenus tous actes et tous traités, vote ou plébiscite, qui consentiraient abandon, en faveur de l'étranger, de tout ou partie de nos provinces de l'Alsace et de la Lorraine.

Nous proclamons, par les présentes, à jamais inviolable le droit des Alsaciens et des Lorrains de rester membres de la nation française, et nous jurons, tant pour nous que pour nos commettants, nos enfants et leurs ascendants, de le revendiquer éternellement et par toutes les voies envers et contre tous usurpateurs.

(Ont signé tous les députés du Bas-Rhin, du Haut-Rhin, de la Meurthe et de la Moselle.)

TABLE DES MATIÈRES

Paris et Limoges. — Imp. milit. Henri Charles-Lavauzelle.

9 782019 675172